社区书系 助力乡村振兴基层干部培训系列图书

乡村生态
宜居环境建设

XIANGCUN SHENGTAI
YIJU HUANJING JIANSHE

李锦顺　主编

华龄出版社
HUALING PRESS

图书在版编目（CIP）数据

乡村生态宜居环境建设 / 李锦顺主编. -- 北京：
华龄出版社，2021.12
ISBN 978-7-5169-2149-4

Ⅰ. ①乡… Ⅱ. ①李… Ⅲ. ①乡村－生态环境建设－
研究－中国 Ⅳ. ①F320.3②X321.2

中国版本图书馆 CIP 数据核字（2021）第 269162 号

| 策　　划 | 社区部　善爱社工 | 责任印制 | 李未圻 |
| 责任编辑 | 薛 治 | 装帧设计 | 唐韵设计 |

书　　名	乡村生态宜居环境建设	作　　者	李锦顺
出　　版	华龄出版社		
发　　行	HUALING PRESS		
社　　址	北京市东城区安定门外大街甲 57 号	邮　　编	100011
发　　行	(010)58122255	传　　真	(010)84049572
承　　印	三河市腾飞印务有限公司		
版　　次	2022 年 3 月第 1 版	印　　次	2022 年 3 月第 1 次印刷
规　　格	710mm×1000mm	开　　本	1/16
印　　张	13	字　　数	144 千字
书　　号	ISBN 978-7-5169-2149-4		
定　　价	50.00 元		

本书编委会

顾　问:谢青梅

主　编:李锦顺

副主编:陈燕明　蔡卓玉

编　委:刘惠苑　王　傅　邓莉平　黄俊添

　　　　张运红　夏　珑　邵　岑　赖新成

　　　　李　松　张永乐　周　超　李晓莹

为社会基层治理服务，打造社区所需的精品图书
——华龄出版社"社区书系"倾情奉献

"社区书系"是为适应新时代基层社会治理需要，深入贯彻党的十九届四中全会、五中全会关于"构建基层社会治理新格局""社会治理特别是基层治理水平明显提高"的重要部署，落实习近平总书记关于"建立一支素质优良的专业化社区工作者队伍"的指示要求而策划编写的，旨在为社区工作人员提供系统的社区工作理论和方法指导，提高社区工作者的理论素养和工作能力，推进社区治理体系与治理能力现代化。

"社区书系"是一个融图书、视频、服务为一体的新型复合出版工程，内容体系包括三个方面：

纸质图书　通过纸质图书阅读，为社区工作者提供系统的理论和方法指导。

线上课程　通过视频课程、网络直播课程，深化重点知识，解读难点知识。

专家服务　通过线下培训、现场诊断等，解决社区工作中存在的问题症结。

华龄出版社是中国老龄协会主管主办的中央部委出版社，为出版"社区书系"专门成立了"社区部"，全面统筹谋划出版。"社区书系"计划出版图书 200 种，覆盖社区工作各个方面，现面向全国诚邀熟悉社区工作的专家、学者加盟"社区书系"出版计划，一起为中国社区的发展繁荣出一份力！

社区视频培训讲座

前　言

乡村兴则国家兴，乡村衰则国家衰。全面建成小康社会和全面建设社会主义现代化强国，最艰巨最繁重的任务在农村，最广泛最深厚的基础在农村，最大的潜力和后劲也在农村。实施乡村振兴战略，是以习近平同志为核心的党中央着眼于党和国家事业全局，深刻把握现代化建设规律和城乡关系变化特征，顺应亿万农民对美好生活的期待做出的重大决策部署，是决胜全面建设小康社会、全面建设社会主义现代化国家的重大历史任务，是做好新时代"三农"工作的总抓手，也是解决新时代我国社会主要矛盾、实现"两个一百年"奋斗目标和中华民族伟大复兴的中国梦的必然要求，具有重大现实意义和深远历史意义。

近年来，中共中央、国务院连续发布中央一号文件，提出一系列乡村振兴战略的原则，对新发展阶段优先发展农业农村、全面推进乡村振兴作出总体部署，为做好当前和今后一个时期"三农"工作指明了方向。同时，我们也应当清醒地看到，乡村振兴是一项长期而艰巨的战略任务，不可能在短期内完成。近年来，我国的"三农"工作取得了明显的成效，但是也存在着很多困难和问题，距离实现农业农村现代化尚有一定的差距，如各地"三农"发展规划设计缺乏系统性、科学性、可操作性和可持续性，导致力量分散、步调不一、行动盲目、落实难、效果差。尤其是农村基层工作人员，对于如何实施乡村振兴战略并不是十分明晰，不知道从何着手，缺乏科学的工作思路和有效的工作方法，导致某些地方的"三农"工作缺乏成效，乡村治理成效并不显著。

为了响应党的乡村振兴战略，推动乡村振兴战略的实施，解决当前"三农"工作存在的难题，根据党的乡村振兴战略的路线、方针、政策，参照党和国家关于乡村振兴战略的原则，我们进行了深入的市场调研和周密的选题策划，由著名社会科学专家李锦顺博士担任主编，并组织了一批长期活跃在乡村振兴工作一线的专家、学者、优秀工作人员担任编委，编写了"助力乡村振兴基层干部培训系列图书"。"助力乡村振兴基层干部培训系列图书"一共有 10 册，分别是《乡村旅游的开发与运营》《发挥本地优势发展乡村特色产业》《美丽乡村建设 100 例》《乡村治理体系的健全与发展》《农村合作社运营与发展》《休闲农业的开发与运营》《电子商务助力乡村振兴》《乡村生态宜居环境建设》《提高农民收入的新思路新途径》《农业产业化经营与农业技术推广工作创新》。

"助力乡村振兴基层干部培训系列图书"在全面总结提炼全国"三农"发展实践和经验的基础上，深入探究乡村振兴规律，系统提出乡村振兴路径，认真推荐乡村振兴典型，提出了新时代乡村振兴的思路、举措、方法、案例，以全局视角解读乡村振兴战略，以实地案例审视乡村未来发展。在大量的调查研究基础之上，围绕着中国乡村振兴诸问题，分别从乡村旅游、农村电子商务、乡村特色产业、美丽乡村建设、农村合作社、农业产业化经营与农业技术推广、农民增收、休闲农业、乡村治理、乡村生态宜居环境等 10 个方面，对如何实施乡村振兴战略提出了一系列切实可行的工作指导方法和针对性意见，以期从事乡村治理的政务工作人员和广大基层工作者以这套书作为借鉴，从中得到工作启示和方法指导，更好地指导工作实践，为实施乡村振兴战略、实现农业农村现代化做出更大的贡献。

"助力乡村振兴基层干部培训系列图书"有以下几个特点：

1.专家团队编写,内容权威专业

本书由著名社会科学专家李锦顺博士担任主编,由一批长期从事"三农"问题研究和"三农"工作的专家、学者、优秀"三农"工作者参与编写,从选题策划到内容编写,期间反复讨论、调研,并广泛听取了社科院教授、政府干部、农村基层工作人员的意见进行修改完善,因此,图书内容的专业性、权威性是毋庸置疑的。

2.图书视角独特,观点清晰鲜明

本书始终遵循"以助力实施乡村振兴战略为抓手,提供切实可行的思路和方法,解决实际问题"的选题和编写思路,精准选择乡村旅游、农村电子商务、乡村特色产业、美丽乡村建设、农村合作社等十个方面作为破解当前"三农"工作瓶颈的突破口,一本书就是一部解决三农问题的专著,就是一种工作思路和方向,针对性强,观点鲜明。

3.深入实证调研,极具参考价值

作者多年来一直坚持深入农村进行实地调研考察,编写时参考了诸多在乡村进行实地调研得来的案例及一手资料,从而能够从实际情况出发,针对"三农"工作中的诸多问题作出鞭辟入里的分析、论述,提出可行性很强的方法建议。可以说,本系列图书丰富了学界关于乡村振兴战略的理论成果,同时对政策制定部门来说也有着很高的参考价值。

4.语言深入浅出,内容紧接地气

编写人员充分考虑到乡村振兴的这十个领域学科实践性强的特点,力求理论阐述准确、案例分析清楚,并充分考虑到各个行业快速发展变化的现状,将学界最新的研究成果、数据、资料、案例穿插于理论之中,以提高内容的时效性;在结构编排上,注重结构的层次性和逻辑性,尽力做到脉络清晰、条理分明;在文字表述上,坚持深入浅出和通俗易懂的原则,语言力求精练、准确,使其符合绝大多数读者的认知能力。

5.既有理论指引,更有方法指导

本书将国家战略和地方实践、学术成果有机结合,高屋建瓴地提出了很多富有见地和独创性的理论,给广大农村基层工作者提供了思想理论指导,同时又针对相关问题,结合典型案例提出了一系列切实可行的操作方法,为实施乡村振兴战略提供了可借鉴、可参考、可推广的样本示范,值得广大读者细读、精读、深读。

总之,本系列图书视角独特,观点鲜明,切中肯綮,发人深省,不仅丰富了乡村振兴战略理论,同时对乡村振兴的政策制定和具体实施也有很高的参考价值。它是一套学习"三农"知识的优秀图书,也是一套有助于提高乡村干部工作能力的权威教材,更是一套新时代学习、贯彻、实施乡村振兴战略的优秀参考读物。

这套书在策划、编写过程中,得到了众多涉农专业的教授、专家、学者和政府干部、农村基层工作人员的宝贵指导,使本书内容更趋专业、科学、严谨,在此对他们表示衷心的感谢! 由于时间仓促,编者能力水平有限,书中难免存在不当之处,还请广大读者和行业人士不吝赐教,共同探究和提高。

编　者

目　录

第一章　时代呼唤

第一节　乡村生态宜居环境建设的时代背景

建设美丽中国的起点是农村，关键是农村，实现也是农村。农业、农村、农民这"三农"是实现现代化中国的基础，要建设富强、美丽中国就要实现农业现代化，建设好美丽乡村。

一、我国乡村人居环境治理发展历程

农村环境治理必然与国家环境保护紧密相连，回顾新中国发展的七十年，我国农村环境存在多重滞后：环境保护欠农村账、工业发展欠农业账、经济发展欠环境账等。借鉴已有研究范式，结合我国环境保护历程及农村社会发展阶段，基于1949—2021年国家及部委等政策文本，回顾70年以来农村环境问题特征及其治理政策设计，具体演变历程可划分为五个阶段。

（一）1949—1976年：政策空白阶段，农村环境问题凸显

新中国成立伊始，百废待兴，工业及农业发展都处于历史低位。因该阶段特殊，为更合理分析将其细分为三个时期。第一时期是从1949年新中国成立到1957年第一个五年计划完成，此时期主要是恢复国民经济和建立基础骨干工业，无论是城市还是工业都没有明确的环境保护政策及目标；第二时期是在1958—1965年大跃进形势下"大办钢铁"和"大搞群众运动"等对自然环境造成严重损害，尤其是矿产资源滥挖滥

采,砍伐树木使得森林资源锐减,虽工业总产值有所增加但农业总产值下降;第三时期是 1966－1976 年国民经济极速下滑且受到重创的时期,环境污染和生态破坏极为严重,譬如在"靠山、分散、进洞"方针指导下大量工厂进入深山峡谷,片面强调"以粮为纲"进行毁林开荒、弃牧种粮、围湖造田和搞人工平原等现象,导致农业农村生态环境恶化和耕地质量下降。在经济发展及其他困难条件下,1973 年国家提出了环境保护的方针和政策("32 字"方针以及《关于保护和改善环境的若干规定》),1974 年建立了相应的环境保护管理机构(国务院环境保护领导小组),同时开展北京西郊、蓟运河和白洋淀等污染调查与治理,该时期的环境治理初步关注工业和城市,农村环境政策及行动基本空白。

该阶段强调工业发展和粮食产量,诸多措施违背了经济发展规律和生态规律。环境治理政策方面,前期环境保护未有政策体系、保护原则及目标;后期国家提出相应的环境保护方针及政策、初步建立环境管理机构,但对水土流失、过度开荒和农药激增等农村生态环境问题缺乏应有重视。

(二)1977－1994 年:制度初创阶段,缺乏有效行动

该阶段从"五五计划"至"八五计划",改革开放初期乡镇企业蓬勃发展,但也伴随"三废"向农村地区转移。1983 年国务院出台了《关于加强乡镇、街道企业环境管理的决定》,1986 年"七五计划"明确指出"禁止城市向农村转移污染"。农村工业经济活跃之时,生产责任制促使农业农村生产形势向好,譬如 1980 年农业总产值为 2187 亿元,粮食总产量 3.2 亿吨,1990 农业总产值为 4037 亿元,粮食总产量达到 4.35 亿吨。由于当时农业生产较为粗放,农药化肥造成了大规模农业面源污染,例如 1984 年化肥施用强度 228 千克/公顷(首次超过世界设置 225 的安全上限);同时有机氯农药对蔬菜、粮食等农业生产污染日益严重,1983 年国务院决定全面停止生产、使用 666、DDT。1984 年《关于加强环境保护工作的决定》和 1985 年《关于开展生态农业,加强农业生态环境保护工作

的意见》,提出了推广生态农业的要求;1989年正式实施的《环境保护法》明确规定"各级人民政府应当加强对农业环境的保护,合理使用化肥、农药及植物生长激素";1993年《中华人民共和国农业法》要求"应当保养土地、合理使用农药化肥、增加有机肥使用"等。

该阶段以乡镇工业污染和农业面源污染为主,相应的环境政策初步得以建立。具体而言,我国环境保护确定了大政方针和一系列措施,健全了环境管理机构,但其重心是防治工业污染和控制城市环境急剧恶化趋势。虽大量环境政策囊括了农业农村环保(该阶段初步形成的一些环境管理制度为后续农村环境污染防治提供了基本依据和组织基础),但其环保工作依旧处于概念及口号化模式,仍缺乏具体行动、针对性政策等,致使农业面源污染不断加剧,农业水、土等资源环境约束日益严重。

(三)1995－2001年:领域开拓阶段,部分污染得到治理

该阶段处于农村生活污染与农业生产污染叠加、乡镇企业污染和城市污染转移威胁共存的局面。其中畜禽养殖、农业生产及乡镇企业产生污染状况加剧,并且部分农村地区生活垃圾问题显现。1993年《村庄和集镇规划建设管理条例》提出"加强绿化和村容镇貌、环境卫生建设",这标志着农村生活环境首次提上议程。1995年《中国环境状况公报》首次将农村环境纳入其中,并指出"环境污染呈现由城市向农村急剧蔓延的趋势;全国2/3的河流和1000多万公顷农田被污染"。在此形势下,"九五计划"要求"控制人口增长、保护耕地资源和生态环境,实现农业和农村经济的可持续发展";1998年原国家环保总局成立农村处作为农村环保专门部门;直到1999年11月原国家环保总局出台《国家环境保护总局关于加强农村生态环境保护工作的若干意见》,这属于我国第一个直接针对农村环境保护的政策,其中明确提出加强面源污染防治,改善水体和大气环境质量,并指出"禁烧区全面停止秸秆露天焚烧";2001年颁布了《畜禽养殖业污染物排放标准》。

该阶段首次出台专门针对农村环境保护政策,且农业农村部分领域

的污染问题得到遏制。相应环境保护标准、规范和技术经济政策已塑形,环保工作分散于农村改水改厕、畜禽养殖污染防治和农村能源生态建设等单个领域。总之,此阶段的措施与行动从农业范围扩至农民生活领域,逐渐展现农业生产和农村生活环境融合,但其总体目标仍聚焦农业污染防治,并在产业资本大力扩张下推进有机食品发展(2001年成立有机食品认可委员会)。

(四)2002—2012年:全面加速阶段,整治内容及范围提档升级

该阶段中工矿污染压力加大,生活污染加剧和畜禽养殖污染严重,资源环境"红灯"约束已是农业农村发展面临的重要瓶颈。2002年农药使用量为131.1万吨、化肥施用强度为443千克/公顷;2007年《第一次全国污染源普查公报》显示,畜禽养殖业所产生的COD和氨氮分别占农业源排放总量的95.8%和78.1%,占全国COD和氨氮排放量的41.9%和41.5%;2012年农药使用量为180.6万吨、化肥施用强度为528千克/公顷。《国家环境保护"十五"计划》中明确"将控制农业面源污染、农村生活污染和改善农村环境质量作为农村环境保护的重要任务";十六届五中全会首次提出建设"社会主义新农村";2008年环保部成立并设立农村环保专项资金,通过"以奖代补""以奖促治"等方式投入5亿元资金(2012年增至55亿元);2010年出台了《全国农村环境连片整治工作指南(试行)》;2012年开展了耕地保护、农村饮水安全、农村河道综合整治、农村改厕项目、全国畜禽养殖业专项执法督查和农业面源污染防治等工作,尤其是畜禽养殖废弃物处理和资源化、农村土壤污染治理和修复等。

概而言之,该阶段国家提出树立和落实可持续发展观,大量的农村环境保护的法规、政策及标准得以建立健全。具体而言,为应对农村环境问题的复杂性及系统性,农村环境整治内容和范围提档升级,整治内容从局部到综合,即由水环境、土壤等单要素向社会、经济和环境多要素的综合整治转型,涉及农村环境卫生、农业可持续生产及群众卫生行为和习惯等多领域推进;整治范围做到连片,即由某区域示范点扩至连片

整治和整村推进,防止撒胡椒面式治理。

(五)2013至今:总体深化阶段,以绿色发展引领农村环境保护

党的十八大以来,生态文明建设融入社会经济发展的方方面面,加强农村环境保护也是大势所需。2013年中央一号文件提出"关于推进农村生态文明、建设美丽乡村的要求",同年原农业部出台了《关于开展"美丽乡村"创建活动的意见》;2014年修订的《环境保护法》在农业污染源的监测预警、农村环境综合整治、防止农业面源污染和财政预算中安排农村环保资金等方面做出规定,为深化农业农村环境保护奠定扎实基础;同年国务院出台了《关于改善农村人居环境的指导意见》;2015年中央一号文件明确提出农业生态治理和全面推进农村人居环境整治,同年4月原农业部发布的《关于打好农业面源污染防治攻坚战的实施意见》提出了"一控两减三基本"目标;11月住房城乡建设部等部门发布了《关于全面推进农村垃圾治理的指导意见》;2017年原环境保护部、财政部联合印发《全国农村环境综合整治"十三五"规划》;2018年中央、国务院印发了《农村人居环境整治三年行动方案》《乡村振兴战略规划(2018-2022年)》;2019年中央一号文件提出"让农村成为农民安居乐业的美丽家园";2020年国市监等部门联合印发《关于推动农村人居环境标准体系建设的指导意见》;2021年中共中央、国务院印发了《关于全面推进乡村振兴加快农业农村现代化的意见》,该阶段农村环境治理专项政策最为集中,标志着我国进入了农业农村环境保护的全面深化时期。同时政策安排突破过往政策设计割裂及碎片化,将环境污染防治与农业、农民等密切结合;从农村环境综合整治的顶层设计到农村饮用水源、生活垃圾及污水、畜禽养殖污染和农药化肥等细分领域的政策配套。在发展理念上,农业生产从过去单一的高产目标转向绿色发展的综合目标,走向生产、生活与生态"三生"协调发展之路,以绿色发展引领乡村振兴成为农村环境保护的主旋律。

二、乡村振兴与乡村生态宜居环境建设

乡村振兴战略以建设产业兴旺、生态宜居、乡风文明、治理有效及生活富裕的新农村为目标。生态宜居涵盖了村内村容整洁、基础设施完善,是提高乡村发展质量的保证,其利用顺应自然、敬畏自然、保护自然的生态文明理念,从思想上纠正单纯用人工生态系统取代自然生态系统的错误方向。它倡导保留乡村风貌、保存乡土气息、治理乡村环境污染、保护乡村生态系统,让乡村人居环境绿起来、美起来,实现人与自然和谐共生。要想振兴乡村,不仅要抓重点、补短板、强弱项,实现乡村产业振兴、人才振兴、文化振兴、生态振兴、组织振兴,还要推动农村地区的社会、经济及环境等要素的协调发展,从而推动农业全面升级、农村全面进步、农民全面发展。

2012 年党的十八大报告明确提出"把生态文明建设放在突出地位,融入经济建设、政治建设、文化建设、社会建设各方面和全过程,努力建设美丽中国";2013 年中央一号文件提出"建设美丽乡村要加强农村生态建设、环境保护和综合整治"。紧接着,2014 年党的十八届四中全会提出用最严格的法律制度保护生态环境,促进生态文明建设。2015 年党的十八届五中全会更进一步,提出绿色发展理念。由此可见,生态建设在美丽乡村建设中地位突出,对提升全民福祉和实现人与自然、环境与经济、人与社会大和谐意义非凡。

2017 年党的十九大提出中国特色社会主义进入新时代,乡村振兴战略这一重大历史任务在我国"三农"发展进程中具有划时代的里程碑意义。党的中央一号文件同时提出利用"生态+""旅游+"等模式,以促进林业、农业与教育、文化、旅游、康养等产业深度融合,打造不同主题乡村旅游精品线路,丰富乡村旅游产品,进而发展具有乡村特色的农家乐园和养生基地。这为美丽乡村建设中有关生态建设的部分指明了新的方向,赋予了生态保护型美丽乡村新的使命,即兼具生态保护和休闲养生

两大功能。

2018 年中共中央办公厅、国务院办公厅印发了《农村人居环境整治三年行动方案》《乡村振兴战略规划（2018—2022 年）》，通知要求各地区各部门结合实际，认真贯彻落实，重点强调改善农村人居环境，建设美丽宜居乡村，事关全面建成小康社会、广大农民根本福祉以及农村社会文明和谐，是实施乡村振兴战略的一项重要任务。

2020 年国市监等部门联合提出《关于推动农村人居环境标准体系建设的指导意见》，意见提出农村人居环境标准体系框架，并指出要进一步加快推动改善农村人居环境，提高农村人居环境总体质量，建立健全的农村人居环境标准体系，同时推动重点领域标准研制，强化标准应用实施。

2021 年中共中央、国务院提出《关于全面推进乡村振兴加快农业农村现代化的意见》，指明了当前和今后的"三农"工作的方向。我国正处在新的发展阶段，全党工作重中之重就是解决好"三农"问题，实现中华民族伟大复兴的重大任务就是全面推进乡村振兴，"三农"工作极端重要，务必要抓紧抓实，要利用全党乃至全社会的力量，加快农业农村现代化，让更多农民过上更好的生活。

三、我国乡村人居环境建设存在的问题

尽管美丽乡村建设使得乡村面貌发生很大变化，但是在实际操作过程中仍然存在很多问题。

（一）大拆大建"乡愁"消失

一些地方政府为快速促进经济增长，以追求政绩为目的，照抄照搬城市建设经验，盲目对乡村进行规划建设。对于乡村总体布局以及环境配套服务缺乏通盘考虑，对于乡村景观环境的建设缺乏整体规划，在实施过程中通常搞大拆大建，这导致乡村传统文化逐渐消亡，其原有的自然景观、民风民俗、生产方式等一系列田园牧歌般的景观遭到破坏，其所

承载的乡愁逐渐消逝。

(二)硬化过度"千村一面"

地方政府在规划及建设过程中往往由于没有足够的生态景观理论和技术的指导,随处可见硬化建设工程,常常出现千村一面、景观污染等不良景观现象,使得乡域风貌严重受损,乡村景观生态价值得不到切实体现。

国内乡村建设往往盲目套用城市建设经验,导致乡村缺失了当地特有的民风乡情以及特色环境特征,使得乡村的生态景观建设缺少多样性。例如,乡村地区老旧农房的改造或建设往往统一风格、千篇一律。农房改造后,虽然整体上焕然一新、整齐划一,但原有的乡土气息和房屋周边生态景观的差异消失,身在其中却感觉不到所谓的田园风光。

乡村道路建设是乡村全域建设的主要组成部分,是乡村建设的重中之重。在建设美丽乡村的过程中,不管是哪一种形式的乡村道路建设,如在原有基础上拓宽翻新,或完全新建,都会在一定程度上破坏乡村原有自然植被,对乡村的生态环境产生不同程度的影响。同时,翻新或新建的乡村道路往往采用不透水的硬质化建造方式,这对道路两边的水土保持和植被保护非常不利。

(三)生态破坏"环境失衡"

水是生命之源。在乡村,河道水系既为菜地、水田的灌溉提供水源,也衬托着乡村的风土情怀,尤其是河道两岸的自然植被,为乡村勾画出一道道亮丽的自然风景线。由于乡村河道水系的淤积断流等问题,在美丽乡村建设过程中需要对乡村河道水系进行清淤疏通。然而,为了追求所谓的美观或政绩表现,很多地方政府往往不顾乡村河道水系周边生态环境的变化,一律采用块石型硬质化的护岸方式,对河岸表面进行人工改造。这种整治改造方式不仅阻断了河道周边土壤与河道水体之间的水文循环,而且使得河道丧失与周边历史环境、生态环境及人文环境之间的协调性。更有甚者,在实际的治理中,河道、池塘、水渠等受乡村建设的影响,被人为地改变,有的变窄,有的被废弃,有的直接被填埋成平地并种上了农作物。

乡村污水处理规划建设对美丽乡村建设意义重大,目前各地已经着手改造或规划新建乡村污水管网系统、建造农村污水处理技术工艺相应构筑物等工作,这些能从根本上克服原有乡村生活污水无序排放、处理效率低等缺点。尽管从工艺原理上看,乡村生活污水处理的现有技术与生物或生态有关,但是在实际操作中,由于缺乏相关基础知识和专业指导,很少能考虑到将乡村生活污水处理工艺构筑物进行景观化。乡村生活污水的现有处理技术和工艺与乡村自然融合性较差。

虽然诸如此类的美丽乡村建设的政策措施能改善乡村人居环境,提升乡村居民的幸福感,但不足之处在于它们很少关注绿色生态建设以及生态养生的功能。这样的乡村建设往往会破坏乡村良好的自然生态,忽视乡村居民对自然生态景观的心理需求。生态宜居是美丽乡村建设的灵魂。诚如习近平总书记所言,"即使将来城镇化达到70%以上,还有四五亿人在农村。农村绝不能成为荒芜的农村、留守的农村、记忆中的故园"。可见,美丽乡村建设应该更多地考虑生态宜居环境建设。

第二节　乡村生态宜居环境建设政策纲领

一、乡村生态宜居环境整治指导思想

全面贯彻党的十九大精神,以习近平新时代中国特色社会主义思想为指导,紧紧围绕统筹推进"五位一体"总体布局和协调推进"四个全面"战略布局,牢固树立和贯彻落实新发展理念,实施乡村振兴战略,坚持农业农村优先发展,坚持绿水青山就是金山银山,顺应广大农民过上美好生活的期待,统筹城乡发展,统筹生产生活生态,以建设美丽宜居村庄为导向,以农村垃圾、污水治理和村容村貌提升为主攻方向,动员各方力量,整合各种资源,强化各项举措,加快补齐农村人居环境突出短板,为如期实现全面建成小康社会的目标打下坚实基础。

二、乡村生态宜居环境整治基本原则

（一）因地制宜、分类指导

根据地理、民俗、经济水平和农民期盼,科学确定本地区整治目标任务,既尽力而为又量力而行,集中力量解决突出问题,做到干净整洁有序。有条件的地区可进一步提升人居环境质量,条件不具备的地区可按照实施乡村振兴战略的总体部署持续推进,不搞一刀切。确定实施易地搬迁的村庄、拟调整的空心村等可不列入整治范围。

（二）示范先行、有序推进

学习借鉴浙江等先行地区经验,坚持先易后难、先点后面,通过试点示范不断探索、不断积累经验,带动整体提升。加强规划引导,合理安排整治任务和建设时序,采用适合本地实际的工作路径和技术模式,防止一哄而上和生搬硬套,杜绝形象工程、政绩工程。

（三）注重保护、留住乡愁

统筹兼顾农村田园风貌保护和环境整治，强化地域文化元素符号，综合提升田水路林村风貌，慎砍树、禁挖山、不填湖、少拆房，保护乡情美景，促进人与自然和谐共生、村庄形态与自然环境相得益彰。

（四）村民主体、激发动力

尊重村民意愿，根据村民需求确定整治优先序和标准。建立政府、村集体、村民等共谋、共建、共管、共评、共享机制，动员村民投身美丽家园建设，保障村民决策权、参与权、监督权。发挥村规民约作用，强化村民环境卫生意识，提升村民参与人居环境整治的自觉性、积极性、主动性。

（五）建管并重、长效运行

坚持先建机制、后建工程，合理确定投融资模式和运行管护方式，推进投融资体制机制和建设管护机制创新，探索规模化、专业化、社会化运营机制，确保各类设施建成并长期稳定运行。

（六）落实责任、形成合力

强化地方党委和政府责任，明确省负总责、县抓落实，切实加强统筹协调，加大地方投入力度，强化监督考核激励，建立上下联动、部门协作、高效有力的工作推进机制。

三、乡村生态宜居环境整治行动重点

（一）行动目标

到 2020 年，实现农村人居环境明显改善，村庄环境基本干净、整洁、有序，村民环境与健康意识普遍增强。东部地区、中西部城市近郊区等有基础、有条件的地区，人居环境质量全面提升，基本实现农村生活垃圾处置体系全覆盖，基本完成农村户用厕所无害化改造，厕所粪污基本得到处理或资源化利用，农村生活污水治理率明显提高，村容村貌显著提升，管护长效机制初步建立。中西部有较好基础、基本具备条件的地区，人居环境质量较大提升，力争实现 90% 左右的村庄生活垃圾得到治理，

卫生厕所普及率达到 85% 左右,生活污水乱排乱放得到管控,村内道路通行条件明显改善。地处偏远、经济欠发达等地区,在优先保障农民基本生活条件基础上,实现人居环境干净整洁的基本要求。

(二)重点任务

1. 推进农村生活垃圾治理

统筹考虑生活垃圾和农业生产废弃物利用、处理,建立健全符合农村实际、方式多样的生活垃圾收运处置体系。有条件的地区要推行适合农村特点的垃圾就地分类和资源化利用方式。开展非正规垃圾堆放点排查整治,重点整治垃圾山、垃圾围村、垃圾围坝、工业污染"上山下乡"。

2. 开展厕所粪污治理

合理选择改厕模式,推进厕所革命。东部地区、中西部城市近郊区以及其他环境容量较小地区村庄,加快推进户用卫生厕所建设和改造,同步实施厕所粪污治理。其他地区要按照群众接受、经济适用、维护方便、不污染公共水体的要求,普及不同水平的卫生厕所。引导农村新建住房配套建设无害化卫生厕所,人口规模较大村庄配套建设公共厕所。加强改厕与农村生活污水治理的有效衔接。鼓励各地结合实际,将厕所粪污、畜禽养殖废弃物一并处理并资源化利用。

3. 梯次推进农村生活污水治理

根据农村不同区位条件、村庄人口聚集程度、污水产生规模,因地制宜采用污染治理与资源利用相结合、工程措施与生态措施相结合、集中与分散相结合的建设模式和处理工艺。推动城镇污水管网向周边村庄延伸覆盖。积极推广低成本、低能耗、易维护、高效率的污水处理技术,鼓励采用生态处理工艺。加强生活污水源头减量和尾水回收利用。以房前屋后河塘、沟渠为重点实施清淤疏浚,采取综合措施恢复水生态,逐步消除农村黑臭水体。将农村水环境治理纳入河长制、湖长制管理。

4. 提升村容村貌

加快推进通村组道路、入户道路建设,基本解决村内道路泥泞、村民出行不便等问题。充分利用本地资源,因地制宜选择路面材料。整治公共空间和庭院环境,消除私搭乱建、乱堆乱放。大力提升农村建筑风貌,突出乡土特色和地域民族特点。加大传统村落民居和历史文化名村名镇保护力度,弘扬传统农耕文化,提升田园风光品质。推进村庄绿化,充分利用闲置土地组织开展植树造林、湿地恢复等活动,建设绿色生态村庄。完善村庄公共照明设施。深入开展城乡环境卫生整洁行动,推进卫生县城、卫生乡镇等卫生创建工作。

5.加强村庄规划管理

全面完成县域乡村建设规划编制或修编,与县乡土地利用总体规划、土地整治规划、村土地利用规划、农村社区建设规划等衔接,推行多规合一。推进实用性村庄规划编制实施,做到农房建设有规划管理、行政村有村庄整治安排、生产生活空间合理分离,优化村庄功能布局,实现村庄规划管理基本覆盖。推行政府组织领导、村委会发挥主体作用、技术单位指导的村庄规划编制机制。村庄规划的主要内容应纳入村规民约。加强乡村建设规划许可管理,建立健全违法用地和建设查处机制。

6.完善建设和管护机制

明确地方党委和政府以及有关部门、运行管理单位责任,基本建立有制度、有标准、有队伍、有经费、有督查的村庄人居环境管护长效机制。鼓励专业化、市场化建设和运行管护,有条件的地区推行城乡垃圾污水处理统一规划、统一建设、统一运行、统一管理。推行环境治理依效付费制度,健全服务绩效评价考核机制。鼓励有条件的地区探索建立垃圾污水处理农户付费制度,完善财政补贴和农户付费合理分担机制。支持村级组织和农村"工匠"带头人等承接村内环境整治、村内道路、植树造林等小型涉农工程项目。组织开展专业化培训,把当地村民培养成为村内公益性基础设施运行维护的重要力量。简化农村人居环境整治建设项目审批和招投标程序,降低建设成本,确保工程质量。

第二章 基本理论

第一节 乡村生态宜居环境相关理论

一、人居环境科学理论

2001年10月,吴良镛专著《人居环境科学导论》在清华大学出版社出版。他指出:"人居环境科学尚在初创之中,现在只是粗略勾勒其轮廓,以有助于人们的思考。总目标是通过理论研究与建设实践的努力,探索一种以研究改进、提高人居环境质量为目的的多学科群组,融贯包括自然科学、技术科学、人文科学中与人居环境相关的部分,形成一新的学科体系——人居环境科学。"

（一）建立人居环境科学

在"人类聚居"概念启发下,吴良镛首先进行的是"广义建筑学"的思考,并于1987年在清华大学召开的"建筑科学的未来"学术讨论会上,第一次正式提出"广义建筑学"的思想,接着又以此为题,向全校作了学术报告。1989年《广义建筑学》出版,全书共分十章,即聚居论、地区论、文化论、科技论、政法论、业务论、教育论、艺术论、方法论和广义建筑学的构想。该书获国家教委1990年科学技术进步一等奖。

创立广义建筑学理论后,吴良镛又将建筑环境的保护与发展上升到人居环境建设与发展的高度,开始探索建立中国的人居环境学科体系。1993年,吴良镛邀约周干峙和林志群,共同分析了中国城乡建设发展的形势和问题,利用中国科学院技术科学部大会报告的机会,第一次正式提出建立"人居环境科学"的设想,将其作为一种以人与自然的协调为中心、以居住环境为研究对象的新的学科群。《中国科学报》在 1993 年 8 月 23 日第一版以"学部委员吴良镛展望我国建筑事业的明天"为题,对这一建议作了详细报道。人居环境科学的设想得到学术界的积极响应和有关方面的重视。

1994 年,吴良镛、周干峙、林志群合著的《中国建设事业的今天和明天》一书由中国城市出版社出版。在该书的直接影响下,清华大学在当年暑期干部会上酝酿筹建校一级的人居环境研究机构,至 1995 年 11 月 27 日正式成立了清华大学人居环境研究中心。在此期间,国家自然科学基金会先后资助了四次关于"人居环境"的学术会议(昆明 1994 年、西安 1995 年、广州 1996 年,重庆 1998 年)。此外,清华大学、同济大学相继开设了有关"人居环境"的课程,重庆大学召开了有关山地人居环境的国际学术会议。学术界从事人居环境研究的组织与活动逐步增多,"人居环境"一词开始被普遍接受和沿用。

在吴良镛看来,人居环境科学这一新的学科体系的建立与发展,将有助于从新的角度、多层面地揭示当前人类聚居环境中存在的问题,高屋建瓴地解释我国由于城镇化进程加速发展所出现的种种现象,科学预测人居环境建设中的重大前景趋势,充分利用现有的科研成果着手解决某些有关人居环境建设发展的复杂矛盾。与此同时,我国城乡建设的丰富实践将使人居环境科学的研究有可能获得比其他国家和地区更好的条件和更具操作性的成果。在这样一种新的学术观念和开放的学术系统中,原有的各相关学科领域将得到丰富、拓展、交叉与重新组合,并能为我国建设实践中面临的具体问题,找到一些更加综合、全面和实际的解决办法。

(二)人居环境释义、构成

1. 人居环境释义

人居环境是人类聚居生活的地方,同时也是与人类的生存活动密切相关的地表空间,它是人类在大自然中赖以生存的基地,是人类利用自然、改造自然的主要场所。按照对人类生存活动的功能作用和影响程度的高低,在空间上,人居环境又可以分为生态绿地系统与人工建筑系统两大部分。

2. 人居环境的构造

就内容而言,人居环境由五大系统构成:自然系统、人类系统、社会系统、居住系统、支撑系统。就级别而言,人居环境包括五大层次。在借鉴道氏理论的基础上,根据中国存在的实际问题和人居环境研究的实际情况,初步将人居环境科学范围简化为全球、区域、城市、社区(村镇)、建筑等五大层次。通过对全球和中国若干问题的广泛思考,提出人居环境建设的五大原则:

(1)直面生态困境,增强生态意识;

(2)进行经济发展与人居环境建设的良性互动;

(3)发展科学技术,推动经济发展和社会繁荣;

(4)关注广大群众,强调社会整体利益;

(5)科学的追求与艺术的创造相结合。

(三)人居环境科学基本研究框架

人居环境系统属于远至人与生物,近至人们居住系统,以人为中心的生存环境。

不同时期对人居环境有共同的追求,各时代各地区也有各自的特殊要求,基于中国情况,将生态、经济、技术、社会、人文(文化艺术)作为人居环境的基本要求,称为五大原则(或称五大纲领),其中自有中国特定的内涵和侧重点。

五大系统(自然、人、社会、居住、支撑网络)在研究过程中,可以根据具体情况选择重点,如以自然系统、人类系统或网络系统为核心。

对五大层次的研究,可以根据不同课题,将重点放在某个层次,并注意其承上启下的相互关系。

上述原则、系统、层次并不是等量齐观,而是面向实际问题,有目的、有重点地根据问题的性质、内容各有侧重,形成若干可供选择的方案,及若干可能性。

在上述方案的基础上,根据形势的发展,可以选择适合客观情况的解决途径与行动纲领,可以暂时搁置一些尚未明确的因素。

由于不同情况,当考虑上述研究结论尚不尽如人意,或情况有所变化时,需要改进研究框架,继续探索(图1)。

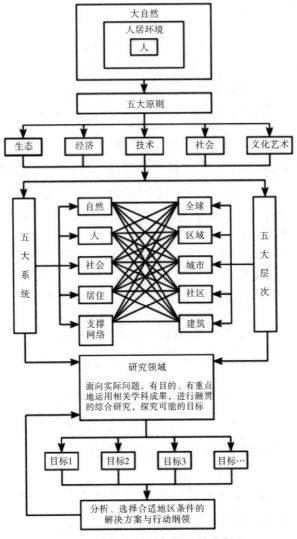

图1　人居环境科学研究基本框架

（四）开放的人居环境学科体系

人居环境科学是一个学科群，其永远处于一个动态的过程之中，其融合与发展离不开运用多种相关学科的成果，特别要借重各自的相邻学科的渗透和展拓，来创造性地解决繁杂的实践中的问题。因此，它们与经济、社会、地理、环境等外围学科，共同构成开放的人居环境科学学科体系（图2）。

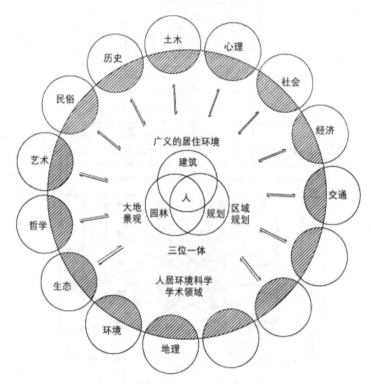

图2　开放的人居环境科学创造系统示意

二、生态现代化理论与乡村生态文明建设

党的十九大提出的乡村振兴战略是解决我国"三农"问题的重大战略性举措，其中明确将生态文明作为乡村振兴战略的五大要求之一，强调"加快生态文明体制改革、建设美丽中国"的战略思想，乡村生态文明

建设的推进正面临着众多历史性机遇。然而在现代化进程的影响下,机遇也伴随着风险,乡村生态文明建设产生了各种各样的环境问题,这些问题制约了"三农"问题的解决,成为全面建成小康社会的短板。因此,重新审视乡村生态治理议题,对推进乡村振兴战略和乡村生态文明建设有着重要的现实意义。生态现代化理论是世界范围内广泛认可的生态治理理论思潮,是一种超越"末端治理"的预防性环境技术和政策革新与扩散。本研究从生态现代化理论视角出发为乡村生态文明建设提供理论指引,以推动乡村生态文明建设的发展。

生态现代化理论诞生于 20 世纪 80 年代,是西方国家致力于解决经济发展和生态环境问题的环境社会学理论,并在世界范围内广泛传播,成为各国生态治理的重要理论。生态现代化理论强调解决环境问题,环境技术的革新极端重要,其超越了"末端治理"的预防性技术革新,可以从源头上消除生态污染。同时,运用生态现代化理论的分析框架对指导乡村生态文明建设具有重要的现实意义。

二者的关键驱动力量耦合。生态现代化理论的关键驱动力量来自国家的明智管制,在乡村振兴战略背景下,乡村生态文明建设离不开国家的政策支持和宏观调控,二者的关键驱动力量是一致的。虽然生态现代化理论起源于西方国家,但就其本质而言,"生态现代化"是一个政治概念,强调国家在环境管制方面的有效调控,虽然这一概念的政治性与资本主义的利益至上相悖,对于资本主义国家来说在执行初期可能会水土不服,但是在中国国情下,所有的生产生活活动都离不开国家和政府的宏观调控。在这一宏观调控下,整合多方力量,共同推进乡村生态文明建设是切实可行且成效显著的。因此,中国乡村的生态文明建设在生态现代化的政府调控性要点方面具有天然的适应性。

二者的基本目标吻合。生态现代化理论的基本目标是在经济发展和社会活动之中置于生态理性,以此增强生态理念、生态关切和生态利益在社会生产、经济发展和制度优化中的重要程度,以此来促进社会和人民生态环境意识的强化,使得环境诱导与生态激发下的社会转型和环境改革逐步进入现代社会的核心实践与核心制度之中。在中国,乡村有着不同于城市的发展条件和基础,生态资源是乡村最为宝贵和特殊的资源,生态文明建设对发展乡村经济和推进乡村振兴战略有着不可替代的作用。中国乡村生态文明建设的基本目标也是将生态文明作为经济发展、社会运行的基本原则和前提条件,将生态文明融入乡村的制度优化、社会运作和人民日常的生产生活之中,使乡村不仅社会在进步、经济在发展、人民享幸福,而且能够创造良好的生态环境。由此可见,中国乡村生态文明建设与生态现代化理论的基本目标是一致的。

二者的经济发展性一致。生态现代化理论利用技术革新和预防性的理念来提高社会的经济效益,进而使得经济和生态环境共同作用于现代化进程。生态现代化理论并非主张为了保护生态环境而阻碍社会经济发展;相反,生态现代化理论认为,从长远的发展角度看,经济活动对生态环境的破坏虽然能带来一时的经济效益,但是后续的污染治理和生态破坏遗留问题需要花费更多的时间和金钱去解决。如果在发展经济和进行社会活动之前就将生态保护作为前提条件加以考虑,将生态保护视为重要部分,制定严格的生态保护政策和较高的生态环境标准,生态保护维度将成为经济持续发展的重要推动力量。生态保护技术成功革新后,如果推广应用到市场活动中,也会产生巨大的经济效益。对于乡村生态文明建设也同样如此,乡村经济是乡村振兴战略的要素之一,是建设生态文明的经济基础。现代化的生态治理技术能够变废为宝,将污染乡村生态环境的生产垃圾转化为经济产品,让乡村生态文明建设与经济发展实现双赢。因此,二者都具有经济发展性,旨在通过现代化的生态治理技术促进生态保护和经济发展的平衡。

由此可见,生态现代化理论的核心观点与乡村生态文明建设的现实需要具有一致性,对于指导乡村生态文明建设,生态现代化理论具有重要意义。

三、生态乡村及乡村生态环境理论

生态是指一切生物的生存状态,同时也包括生物与生物之间、生物与其生存环境之间的复杂关系。目前,"生态"一词涉及的范围很广。常常被用来定义美好的事物,如健康的、美丽的、和谐的、适宜的事物等。同时,"生态"的内涵和外延也会受特定社会文化背景的影响。

乡村是一个环境综合体,展现并传承乡村特有的历史与文化,其背景是自然生态环境,其核心是农民生活聚居地,其特征是农业生产环境。而对于"生态乡村"尚未有统一定义,可以认为生态乡村的主要目标是建立一个可持续发展的乡村自然——经济社会复合生态系统,基于经济学、社会学、农学、生态学等相关科学原理,充分利用自然资源,如光、温、水、土、气、牲畜、农作物等,以及社会资源,如基础设施、劳动力等,以达到优化乡村经济架构,实现农业高效、农民增收、乡村发展的生态文明建设目标。

乡村生态环境是指以乡村居民为中心的乡村区域范围内各种天然的和被人工改造的自然要素的总和,包括该区域范围内的大气、植物、动物、土壤、基础设施等。

四、"两山"理论与可持续发展

(一)理论指南:习近平乡村生态文明重要论述

习近平乡村生态文明重要论述具有强烈的问题意识和鲜明的实践指向,回答了什么是乡村振兴战略中的生态文明建设、为什么乡村振兴要融入生态文明和如何融入生态文明的重大问题,是习近平生态文明思想的重要组成部分。乡村振兴战略中的生态文明建设以建设美丽乡村作为奋斗目标,以生态兴农、生态惠农和生态强农作为战略举措,以走农业生态化发展道路作为基本要求。乡村是我国生态文明建设的主阵地,美丽的乡村为城市生态文明建设提供干净的水源、清新的空气、清洁的食品,对我国生态文明建设的整体水平也大有影响,没有乡村的生态文明建设,就没有美丽中国梦的实现。习近平指出:"中国要美,农村要美。"为此,要把生态文明建设融入乡村振兴中,即把生态文明融入乡村经济、政治、文化、社会以及人们的日常生活中,使生态文明成为农业发展的必由之路、农村兴旺的内在要求、农民生活的基本方式。习近平乡村生态文明重要论述是一个包括价值理念、发展模式和实践指向的科学体系,同时又是一个在乡村振兴战略实践中不断发展完善的开放体系。

第一,"两山"思想是其价值理念。

"绿水青山就是金山银山"这一句话并不是"两山"理念的完整表述,"两山"理念是由"我们既要绿水青山,也要金山银山。宁要绿水青山,不要金山银山,而且绿水青山就是金山银山。"这三句话构成。"两山"理念认为,"绿水青山"与"金山银山"、生态保护与经济增长,不是处在不可调和的对立关系,而是处在对立统一的关系。要想兼顾"绿水青山"与"金山银山"、兼顾生态保护与经济增长,使得生态经济协调发展,就要尊重自然、敬畏自然、顺应自然、保护自然,坚持人与自然和谐共生的理念。

生态文明建设的先导是生态文明理念,推进生态文明建设必须实现理念的深刻变革。"两山"思想的提出就是生态文明理念的深刻变革。"两山"思想把过去人们将生态文明建设和经济发展对立起来的观念转变为融合发展的观念,有利于实现两者的共赢;把过去生态生产力和经济生产力割裂开来的观念转变为协同发展的观念,有利于实现两者的和谐;把过去人们片面追求GDP的观念转变为绿色GDP的观念,有利于实现经济社会的可持续发展。总之,"两山"思想把生态文明摆在十分突出的地位,为农村生态治理提供了先进的价值理念。

第二,绿色发展是其发展模式。

绿色发展是新发展理念的重要组成部分,其内涵就是要解决好人与自然和谐共生问题。党的十九届五中全会审议通过的《中共中央关于制定国民经济和社会发展第十四个五年规划和二○三五年远景目标的建议》(以下简称《建议》)提出了"推动绿色发展,促进人与自然和谐共生",同时强调"促进经济社会发展全面绿色转型""坚持绿水青山就是金山银山理念"。这些重要论述明确了绿色转型所涉及的程度、领域以及时间表等,凸显出了在"十四五"及今后一个时期,新形势下的绿色发展仍处在重要地位,在各项工作中的每个环节,我们都要贯穿绿色发展理念,切实打好经济社会发展全面绿色转型的"攻坚战"。

绿色发展是以生态优先为前提,以绿色为手段,以发展为目的,实现经济效益、社会效益和生态效益的协同发展。习近平指出:"绿色发展是构建高质量现代化经济体系的必然要求;加快形成绿色发展方式是解决污染问题的治本之策。"乡村治理中的绿色发展方式就是在人和自然和谐共处的基础上,实现乡村经济总量增加和质量提升,建设美丽乡村。为此,乡村振兴应该以尊重社会规律、尊重自然规律为基本遵循,将生态效益转化为社会效益和经济效益,走出一条具有中国特色的、可持续发展的绿色道路,使良好的生态更好地服务于乡村振兴。

第三,民生福祉是其实践指向。

改革开放以来,我国的发展成就举世瞩目,但飞速发展的同时,生态环境面临着日益突出的供给与需求矛盾。在满足人们基本的食物、住房等需求后,人们对于美好环境的渴望日益强烈,而进行生态文明建设就可以不断满足人民群众对于生态环境需求。高质量的生态环境不仅是人类生存与发展的基本条件,更是社会稳健发展的重要保障。人民群众渴望经济富足、安居乐业,同时也渴望绿树白云、天蓝水净,所以建设生态文明正是民之所望、政之所向。

民生福祉是把坚持以人民为中心,提高人民的安全感、幸福感和获得感作为我们党所有工作的出发点和落脚点的价值取向。习近平强调:"良好的生态环境是最公平的公共产品,是最普惠的民生福祉。"生态环境是所有人共享的民生,在生态环境面前人人平等。新时代农民生活水平不断提高,其需要从过去的"盼温饱"转向现在的"盼环保",从过去的

"求生存"转向现在的"求生态",从过去的"忆苦日"转向现在的"忆乡愁"。因此,为广大农民提供良好的生态环境成为乡村振兴战略中的首要民生工程。

总之,习近平关于乡村生态文明建设的重要论述为农村生态治理提供了价值导向、发展方式和实践指向,是新时代农村生态治理的理论指南。

(二)理论依据:中国特色社会主义农村生态治理思想

重视农村生态治理是中国共产党治国理政的一贯主张。新中国成立后,以毛泽东为核心的第一代领导集体提出"植树造林,绿化祖国"的口号,高度强调农田水利设施建设的重要性,建立了农村的集体经济制度,为接下来的农村生态治理提供了物质基础、制度保障和宝贵经验。改革开放以来,以邓小平为核心的党的第二代领导集体在农村实行家庭联产承包责任制,为农村生态治理提供了科学的体制保障。同时,邓小平指出"保护环境不能仅靠科技,还是要靠法制,搞法制靠得住些",并提出要把保护环境资源作为基本国策,把"植树造林,绿化祖国"作为重大战略,这为农村生态治理指明了发展方向,为农村生态治理提供了政策依据和实践保证。以江泽民同志为核心的党的第三代领导集体,在借鉴西方国家发展思想的基础上把可持续发展战略确定为我国的发展战略,为推动农村治理走上生产发展、生态良好、生活富裕的发展道路提供了战略保障。以胡锦涛为总书记的党中央继承了历届领导集体的农村生态治理思想,把"村容整洁"作为"社会主义新农村"的重要内容,同时强调"加强林业、水利、草原建设,加强荒漠化、石漠化治理,促进生态修复",这为农村生态治理指明了发展路径。

党的十九大以来,以习近平总书记为核心的党中央对乡村生态治理作出了一系列重大论述,比如美丽乡村是乡村生态治理的目标,把生态宜居作为乡村生态治理的关键,把自治、德治、法治作为乡村生态治理的方略,把生态扶贫作为乡村生态治理的抓手,为新时代乡村生态治理提供了更加科学、更加系统、更加有效的治理思想,标志着中国特色社会主义乡村生态治理思想已经成熟。中国特色社会主义农村治理思想奠基于改革开放前,形成于邓小平时期,发展于江泽民和胡锦涛时期,成熟于习近平时期。中国特色社会主义农村生态治理思想作为一个科学的理论体系,从多个维度揭示了我国农村生态治理的内在逻辑。在治理理念层面,坚持人和自然和谐共生的基本理念,把绿色发展作为基本要求,把尊重自然、顺应自然和保护自然作为具体要求,坚持以人民为中心,把增进广大农民的生态福祉作为最终目标;在治理主体层面,坚持中国共产党领导,坚持以政府为核心治理主体,发挥广大农民参与农村生态治理的主体性,调动各种社会力量参与农村生态治理的积极性,构建了结构科学、权责明确、协调运转的多元治理主体格局;在治理结构层面,建立了以自治为核心、以德治为基础、以法治为保障的多维治理结构,为农村治理提供了机制保障;在治理手段层面,坚持大生态治理的发展思路,把经济、行政、法治、科技等各种手段结合起来,努力整合各种治理资源,实现全员治理、全程治理和全方位治理。

总之,中国特色社会主义农村治理思想是本土化治理经验的概括和总结,为乡村振兴战略中农村生态治理提供了理论基础。

第二节　乡村建设的空间要素

一、乡村环境空间构成要素

新时代做好"三农"工作的总抓手就是乡村振兴战略,其总要求是"产业兴旺、生态宜居、乡风文明、治理有效、生活富裕"。将"三农"与"三生(生产、生态、生活)"相互统筹,加以推进,进而落实总要求,实现总目标,营造农业强、农民富、农村美的新时代乡村。乡村环境空间构成要素为生产、生活、生态空间,即为乡村的"三生空间"。"三生空间"因其各自服务对象不同而表现出不同的特征,在城乡发展中承担着不同的功能。

(一)三生空间的特征

1.生产空间的私有性与负外部性

一般来说,生产空间具有特定的所有者。对于空间的利用,具体的空间所有者在选择其开发利用的程度强弱与空间发展的地理位置时,通常会遵循使资源利用效率达到最大化的原则。为了保障生产空间集中且高效,应该最大程度发挥市场对于资源配置的关键决定性作用;与生态空间不同,绝大部分的生产空间在生产过程中会进行物流的运输,制造噪声,排放出废气、污水,这些对于生态空间和生活空间中的人与社会经济发展产生了一定程度的负外部性。

2.生活空间的多样性与多元化

生活空间根据主体功能区以空间的主体功能来界定空间属性的原则,其主导功能可以看作是为人类提供居住、消费、娱乐休闲以及有关教育、医疗、公共卫生、社会文化的公共服务等社交活动的地域。主要包括居住用地、商业用地、公园绿地、公共管理与公共服务用地等在内的空间。

3.生态空间的公共性与生态服务的脆弱性

生态空间其主导功能是为区域空间提供生态产品和生态服务,对于调节、维持和保障区域生态安全起到重要作用,在保障维持区域生态安全、提升居民生活质量水平中,生态空间是不可缺少的重要组成部分。

(二)三生空间的关联与制约、分割与融合

生产空间的集约高效是实现生活空间舒适宜居、生态空间山清水秀的经济支撑,为生态服务功能和生活质量水平的提高创造了更多可供选择的发展模式和发展空间;生活空间用不同的生活质量水平吸引不同层次的劳动就业者,为生产空间的经济活动提供人才,进而制约区域空间的产业结构;生态空间具有自我调节能力,其提供的生态服务可以消解在生产空间、生活空间和日常活动中所排放的生产、生活垃圾,以及各种被消耗的生态资源。

三生空间受到工业文明时代各种其他空间的限制,严格的功能分区虽然具有一定的合理性和必要性,但在不同程度上,这也割裂了区域空间生产、生活和生态等各功能空间的有机关联,使得就业空间与居住空间分离。

(三)三生空间助力振兴规划

1.三生空间规划

以总体规划为基础,在乡村规划中划定"三生空间",一方面是要为社会经济的发展和乡村发展提供科学的空间用地保证;另一方面则是要保护生态环境底线,为乡村发展提供必须的生态资源保障。这就要求乡村规划必须遵循国民经济和社会发展规划的发展要求,与土地利用总体规划,生态红线保护规划等相关国土空间规划相协调,兼顾保护与发展,综合统筹布局,以"城镇发展空间有保障且结构合理、不可替代生态空间不触动、基本农田总量不减少、生态林地不破坏、保证基础设施互联互通"为原则,保证"三生空间"划定的科学性与可操作性。

2.制度建设

以制度建设为目标,做好乡村建设规划许可技术储备,助力乡村管理法制化。从县区一级宏观层面,总结分析目前"发证难"问题的根源和症结,提出强化乡村建设规划许可证制度实施的策略与措施;宏观层面着重划定乡村规划区,并与城市空间增长边界、基本农田和生态保护界线相协调衔接;微观层面结合乡村群单元的划分和村庄分类分级体系,提出各类村庄在用地管理、建设管理层面应着力深化的控制指标,作为村庄规划编制的基本依据。

3.保护生态空间

生态绿色是农业农村发展最大的优势,绿色优先发展是乡村振兴的之义。近年来一直秉持"绿水青山就是金山银山"的发展理念,严格划定水源地禁养区,严控周边有污染的畜禽养殖项目。在管护好现有生态林的同时,加大对荒山的植树造林力度,进一步修复保护农林资源,提升生态屏障功能。

4.三生共融

以三生共融为核心,构建分类分级的乡村群发展单元,引导乡村发展特色化。强化"生产发展、生活建设、生态维育"三个方面的共融协调;构建若干资源特征和产业发展各具特色的乡村群作为发展单元;以农民生产生活圈服务和公共设施共享共建为导向,明确群内各村庄的分类分级体系;提出有针对性的发展引导策略和规划控制指标,引导乡村发展走向个性化和特色化。

二、乡村生态空间组成要素

一般来说,乡村生态空间的环境要素是除去生产所用的农田耕地、养殖水域等空间环境要素之外的,为改善当地区域局部小气候、涵养水土,进行人工改造或预留的,处在自然空间内的具有斑块或廊道特征的环境要素,例如不用于灌溉的人工或者非人工的河流湖泊、用于游憩观赏的山石景观等。

三、乡村生产空间组成要素

随着社会经济高速发展、乡村可持续转型、农业多功能性彰显以及农产品产业链的延伸,乡村生产活动逐渐呈现多维转向,乡村生产空间形态也随之朝向多元化发展。现如今,乡村生产活动已演变为集生产、加工、仓储、物流、研发等为一体的大农业生产,而乡村生产空间也逐步拓展为包括耕地、设施农用地、乡村工业用地、商服用地等在内,以土地为核心的多形式、多功能、复合化、立体化的空间形态。

在乡村生产空间(乡村生产活动的载体)中,以人为核心的乡村多元主体通过开展各类生产活动、建立复杂的社会经济关系,从而形成具有一定结构形态和功能组合的空间集合体,称之为乡村生产空间系统。从各要素在乡村生产活动中的功能作用出发,可将乡村生产空间系统的要素划分为基础要素、核心要素、驱动要素和管理要素四种类型。

（一）基础要素

基础要素是乡村生产空间系统运行的物质基础或必备条件,构成乡村生产活动的基底,对乡村生产生活方式起着约束性作用,主要包括资源环境和基础设施。资源环境是乡村生产活动的本底,一定区域内乡村资源环境在数量上和种类上的有限性以及分布上的地域性构成了该区域乡村生产空间系统特有的资源环境约束,如地质条件、水文条件、土壤条件、生态环境等。同时,现代乡村生产活动离不开道路系统、农田水利、电力供给等基础设施的支撑,它们不仅可以通过影响生产要素投入结构促进农业增产、降低生产成本,更是乡村生产空间系统维持生产功能、可持续发展的必备条件。

（二）核心要素

从本质上说,一切乡村生产活动均是人的主观能动性活动,因此人即构成乡村生产空间系统的核心要素。但从广义上讲,随着农业生产经营活动的多元化,对乡村生产活动起主导作用的主体不限于单个的自然人,而是拓展为包括农户、专业大户、家庭农场、农民专业合作社、农业企业等在内的多元经营主体。同时,一定乡村范围内的多元经营主体,以乡村资源环境和聚居社区为基础,围绕特定的生产方式、生活方式,形成地域特色鲜明的道德情感、社会心理、风俗习惯、行为方式等,经过长期的积累与沉淀逐渐固化,便衍生出了乡村文化。乡村文化一旦形成,便通过作用于乡村经营主体的价值认知和意识形态,通过文化认同对乡村生产活动产生作用。乡村文化伴随乡村生产活动的始终,其本身既是条件也是结果。特别是在现代乡村生产活动中,文化已经成为极为重要的价值元素,文化景观的塑造与文化产业的挖掘正逐渐成为乡村生产空间系统新的价值增长点。从这个层面来说,乡村文化与多元经营主体一并构成了乡村生产空间系统的核心要素。

(三)驱动要素

驱动要素是推动乡村生产空间系统发展的动力,它不仅可以通过影响要素的投入形式、投入强度、投入产出效率等对乡村生产活动产生影响,也可以促使系统不断把外来能源转化为系统本身可利用的能源,进而对乡村生产空间系统的运行起推动或抑制作用,主要包括资本、技术、信息和市场。资本是促进传统农业向现代农业、知识农业转变发展不可或缺的要素之一,它既作为重要的生产要素参与乡村生产,亦是生产成果的最终体现形式,从某种层面上讲,乡村生产的最终目的也是实现资本的积累。技术则是提高生产效率、提高产品质量、降低生产成本必不可少的要素,科学技术的创新从根本上决定着乡村产业发展的速度和质量。信息普遍存在于乡村生产活动的各个环节,它的主要功能是消除不确定性以提供辅助决策。信息的交互与融合已成为推进乡村生产空间系统技术进步、生产力革新、经营方式创新的重要平台。市场这只"看不见的手"通过价格的信号作用,调节着农产品或相关服务的供需平衡,通过对空间经济运动日益增强的吸纳力量,使之逐渐成为乡村内部和乡村之间以及乡村和城市之间经济运动的联系纽带,推动着乡村生产空间系统中各类资源和生产要素的配置和利用。

(四)管理要素

为了使乡村生产活动满足人类的各种社会需要并达到多方利益的均衡,管理者会运用一系列管理措施或手段对乡村生产活动进行干预,这些措施或手段便构成了管理要素。管理要素贯穿于乡村生产空间系统发展的全过程,对系统发展的水平、规模、速度和程度起着重要作用,主要包括制度和政策。制度是乡村生产活动必须遵循的准则或行为规范,构成乡村生产空间系统的运行轨道,乡村生产活动的一切行为必须处于制度轨道之上,不能脱离或逾越,如土地供应制度、用途管制制度、基本农田保护制度等。政策是管理者为实现一定目的而制定的具体措施，一般来说，政策不得逾越制度的框架，并为制度服务，如用地保障政策、财政支农政策、产业促进政策等。政策一般与具体要素或生产过程相联系，可以直接影响要素投入的质量与数量、要素作用强度、生产效率以及成本效益等，进而对乡村生产空间系统产生间接影响。

四、乡村生活空间组成要素

乡村生活空间主要是指由实体围合而成、真正为人所感知和使用的各种场所环境，如道路及周边绿化空间、街道空间、河道水系及沿岸风景空间、公共广场及公共景观空间等。根据人们在场所中的感受，可将这些实体空间分为视觉空间、生理空间和心理空间；按形态，将其分为静态空间和动态空间；按开闭情况，将其分为开敞空间、闭锁空间和纵深空间。

不同实体的空间其构成和包含的信息种类也不同。如对于村落街道空间，按照临街界面的不同，可将其分为街巷空间和水街空间，构成元素为民房与街道，或是民房、街道与水体；对于公共广场空间，由于广场的类型不同，其构成的元素也不尽相同，可由绿化、台阶、坐凳、花坛、喷泉、水池或小品等组合而成；公共景观空间中通常仅包含花、草、树木等植物，通过这些自然植物的围合而形成不同开闭情况的空间。

第三节　乡村建设的三个"三"

一、"三适"原则

当前全国各地美丽乡村的建设正如火如荼地进行着，当下最为重要的规划建设抓手是要提高对乡村地理地貌环境的重视，因地制宜，采用有利于地方经济发展的手段，增进民生福祉。将其建设原则归纳为"适合环境、适用技术、适宜人居"（简称"三适"原则）。在"三适"原则指导下，探索美丽乡村建设的实施策略。具体来说就是：

（一）适合环境

适合环境是开展建设美丽乡村的最基本原则。我国的海拔特征自西向东呈现三级阶梯形态，根据平均海拔高度，可将其地形地貌划分为丘陵、山体、平原三类。同时，平原地貌还可分为湖泊、水网等。所以，地形地貌不同的乡村，其村庄类型区别较大。由此，建设美丽乡村应因地制宜，根据当地的自然地形、地貌条件，进行规划建设。具体策略包括：

1. 千万要避开地质灾害等不利因素的影响，避让不利于乡村建设的用地，做到选址科学合理。对于已经建设的村庄，应消除地质灾害的隐患。

2. 在安全选址的前提下，应进一步重视适合乡村建设的用地环境，做到节省用地。把乡村建设的用地规划与节省用地有机结合起来，根据地形地貌特征和现状布局条件，采用集中或者相对分散的布局形式。在平原地区不宜采用分散的布局方式，在山地或丘陵地区，不宜采用集中成片的布局方式。

3. 差别化发展。根据环境特点和乡域或镇域总体规划要求，有的乡村要重点发展建设，而有的乡村要控制建设发展规模，甚至还有的乡村不再作为发展的选择,切忌不分重点、"一刀切"的建设。

4.对于合并村庄村民点,需要区别对待,慎重考虑。由于平原地区的乡村早期生产力水平较低,村民出行劳动的距离由以人力、畜力为基础的耕作特征决定,导致村庄规模小,数量多,布局较为分散。但现如今耕种的机械化使得农业生产规模化,现代农业生产力水平大幅提高,按照"生产力决定生产关系"的理论依据,现代农业生产力水平的提高可以决定村民居住的社会关系转型,适当合并布局分散的村庄具有历史必然性。合并村庄需要特别注意那些规模虽小,但具有特殊历史文化遗产的村庄,在进行合并时,要在符合科学规划布局的基础上,保护并传承地方特色。

(二)适用技术

适用技术是美丽乡村建设的重要指南,其内涵是利用地方传统技术优势,采用地方材料和建造工艺,因地制宜地进行建设。适用技术的主要目的是避免不考虑当地经济条件和生产力水平,仍采用先进但当地难以负担的昂贵技术的这种情况发生。

我国中、西部地区和东部地区的整体经济发展水平差异较大,其中各地区的乡村经济发展水平差异更大。例如,对于某些西部乡村地区来说,在经济上难以承受的建造技术,但对于东部发达地区的乡村并不算昂贵。如,有关乡村生活污水治理方案,发达地区的乡村可以利用相邻城镇的污水管网系统,将乡村的生活污水排入,并进行统一处理,而贫困偏远地区的乡村需要采用更加便捷、简单、灵活的生态化处理方式,对于"节能技术"的考虑也应遵循这一原则。经济发达地区的乡村,可结合公共设施的屋顶,利用大面积设置的太阳能屋面板,以获得热水的集中供应,屋顶的雨水通过集中收集之后作为浇灌用水等使用,而对于某些贫困落后的乡村,上述技术的初次投资成本较大,有些设施在建成之后日常运营和维护的成本较高,则难以维持。因此,应提倡适用技术解决乡村建设发展的需求。

建造村民住宅也是如此。建造村民住宅数量多，面积广，生态节能可从住宅墙体建筑材料与技术的方向发展，根据不同地区的气候特征，分别采用适合当地的建筑材料和建造工艺，对屋顶面与墙体的隔热、保温、防水等方面进行适用技术处理，做到价廉物美。

（三）适宜人居

适宜人居是美丽乡村建设的核心价值。保障乡村人居生活质量的重要条件就是乡村公共基础设施的建设。美丽乡村建设的根本目标是"人"的发展。乡村公共基础设施包括生活和市政两个部分。其中，生活部分是指基于村民点的日常商业、文化活动、村庄管理、基础教育、医疗等主要内容；市政部分是指村庄道路、污水收集和处理、给水、通讯、环卫、电力照明等主要内容。

由于我国东部和中、西部乡村经济发展水平存在较大的差异，部分贫困地区的村庄缺少公共基础设施建设的保障，部分村庄仍存在垃圾随意堆放、道路泥泞、污水四流的现象，村民生活质量与乡村生态环境等问题越来越严峻。这些问题一方面是由于村庄工业项目的污染造成的灾害，一方面也反映出乡村市政基础设施的严重缺失。党的八大报告指出："着力在城乡规划、基础设施、公共服务等方面推进一体化，促进城乡要素平等交换和公共资源均衡配置，形成以工促农、以城带乡、工农互惠、城乡一体的新型工农、城乡关系。所以，对于我国当前美丽乡村建设，应努力做好乡村公共基础设施规划建设，切实为乡村人居的可持续发展打下扎实基础。

总之，在当前"美丽中国、生态发展"的总体目标指引下，美丽乡村的建设正将面临前所未有的发展机遇。只要能够本着适合环境、适用技术、适宜人居的"三适"原则，因地制宜，分类指导，努力探索，积极实践，通力协作，中国美丽乡村建设定能沿着符合国情、符合地方实际的可持续发展之路前进。

二、三位一体

（一）以"三位一体"为指导思想，科学合理指导美丽乡村规划建设

通过对欧、美和亚洲发达国家的乡村发展进行考察，研究这些国家对于农村发展所制定的政策措施，可以发现绝大部分国家都比较重视产业经济、社会文化和物质空间环境的整体发展。例如，欧盟在 2007 年出台了《农村发展社区战略指导方针（2007－2013 年规划）》；英国苏格兰行政当局在 2004 年颁布了《苏格兰农村发展规划政策》，涉及规划远景、发展目标、经济发展、住房、道路、环境质量、公共参与以及农村社区规划的实施和开发控制等。美国农业部在 2005 年由农村发展署颁布了《社区发展技术支持手册》，其目的是帮助美国农村面对人口下降问题、吸引和维持在岗就业人数、改善学校教育、提供高质量住房和医疗条件、维护农村环境、建设和维护基础设施等。韩国的"新村运动"从 1970 年开始发展，政府"自上而下"与村民"自下而上"公众参与相结合，成功地推进农村建设改造，不但保护了乡村自然景观，而且改变了乡村落后面貌，一定程度上实现了现代化新型乡村的可持续发展。

因此，可以看到，综合考虑农村的"产业经济、社会文化和空间环境"三者的整体发展，即"三位一体"的理念，应当成为我国开展"美丽乡村"规划建设工作的重要指导思想。

（二）"产业经济、社会文化、空间环境"三者的辩证关系

产业经济、社会文化和空间环境是"美丽乡村"规划建设三个重要的内涵，三者相互支撑，不可分割，是一个整体。其中，产业经济的发展好比乡村自身的"造血机能"，是社会文化和空间环境建设的经济基础，可以为乡村建设提供可持续发展的动力。适合当地资源条件、促进地方特色传统产业的培育，可以充分提供村民就业，并使得乡村年轻劳动力具有选择在家乡创业发展的愿望，甚至可以吸引邻村和外乡劳动力前来就业；社会文化的发展好比乡村文明的灵魂，即注重村民自身的发展，维护

村民的权益,尊重村民的意愿,传承地方乡土文化,使得乡村文明不断推陈出新。因此,空间环境的发展是乡村产业经济、社会文化蓬勃发展的物质载体;社会文化的发展是乡村产业经济发展的奋斗意义和终极目标。改善空间环境可以促进乡村产业经济提升,从而为乡村社会文化活动创造良好的物质基础,为村民提供更好的生产生活环境。此外,一些地方传统村落、少数民族特色村寨和民居,其建筑和空间环境本身的风貌特色,又是乡村地域文化特色和民族文化传承的具体表现,具有一定的艺术价值、历史价值和科学价值。

如果只重视产业经济的发展,而忽视社会文化和空间环境的建设,可能会导致为了产业经济增长而不顾乡村自身地理地貌条件和社会文化价值,从而导致生态环境破坏、乡土文化衰败、村民利益受损等问题,这些问题反过来将制约乡村产业经济可持续发展。因此,在具体的实践中,一定要通过深入实地调查,分析归纳出符合地方资源条件和传统特色优势的产业类型,使得乡村产业经济的发展,既满足村民收入不断增长的需要,又可以体现地方文化特色,促进村民乡村社区认知和地方自豪感的提升。

如果只重视社会文化的发展,而忽视产业经济、空间环境的建设,可能会导致社会文化发展缺乏自身的动力而难以持续,或者社会文化发展的品质受到空间环境的制约。一般来说,社会文化的发展建设需要资金投入,如果一味地依靠上级政府有关部门的有限投资,虽然在近阶段可以举办诸如乡村文化活动、改善民生福利等来促进社会文化的繁荣,但是难以根本实现民生的持续改善和地方文化的持续传承。

如果只重视空间环境的建设而忽视乡村产业经济、社会文化的发展,那么,空间环境建设本身也是难以可持续的。这是因为,空间环境建设和社会文化发展一样,需要资金投入。虽然上级政府有关部门的专项资金可以促进空间环境的改善,但是资金有限而且难以持续。同样,空间环境建设发展不可脱离社会文化的发展。如果脱离村民需求和乡村文化特色,那么,空间环境建设的结果可能无法改善村民切实的生活困难,并且可能毁坏地方原有的传统建筑特色和历史文化村落风貌特征,导致"破坏性建设"或"建设性破坏"。

　　只有产业经济、社会文化和空间环境"三位一体"地发展,才是"美丽乡村"建设的必由选择。上述"三位一体"的理论认识(图1)。

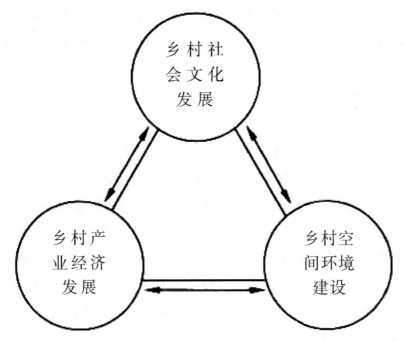

图1　乡村产业经济、社会文化、空间环境"三位一体"关系

三、三个层面

　　我国乡村的区域空间层次涉及的范围比较广。大到省份,甚至有时用东部、中部和西部来区分或描述乡村的区域定位,但是一般来说,乡村的区域空间范围主要通过"县域"(或与县域等同的县级市、县级区来区分或描述,换言之,"县(市、区)域"成为乡村的重要社会经济空间背景。这是因为,在"县(市、区)域"范围的城镇体系框架下,确定了乡、镇的功能结构、等级规模结构和空间结构。

对于"美丽乡村"具体的"村",则"乡域(与镇域等同)"成为其更为紧密的社会经济空间背景,这是由于"村"是"乡(镇)域"(以下同"乡域")范围内村镇体系规划建设的主要单元。因此,在乡村的规划建设实践层面,把乡村的空间层次划分为"乡域、村域和村庄"三个主要层面。在我国《城乡规划法》法定的规划编制层次中,"乡域"对应的是"乡规划","村域"和"村庄"对应的是"村规划"。以下分别从这"乡域、村域和村庄"三个层面,来论述它们和"产业经济、社会文化、空间环境"建设的对应关系。

(一)乡域层面

以"乡域"为单位来推进"美丽乡村"建设工作具有积极作用。这主要是我国行政体制构架特点所决定的。在县(市、区)层级之下,乡(镇)党委、乡政府具有自上而下统筹乡域内社会经济活动和建设等各项组织、协调和管理的作用,通过组织编制乡域社会经济发展规划、乡域总体规划等法定规划来科学合理地确定村庄体系结构,依托区域道路交通条件、资源禀赋和产业基础等来制定乡域内产业经济发展整体战略。对于"美丽乡村"建设来说,乡域层面可以从整体上根据各村优势和特点,明确各村的发展定位,指导各村建设发展的重点,并且协调村与村之间可能存在的矛盾和冲突。

因此,在乡域层面,重点组织、协调和推进"美丽乡村"产业经济的发展将起到更为积极有效的作用,这既是乡域内自然环境和资源共享、协调、有序发展和可持续发展的客观要求,也是乡域行政体制自上而下发挥组织管理和协调作用的最佳选择。

(二)村域层面

以"村域"为单位来组织"美丽乡村"建设工作切实有效。一方面,村委会作为我国地方基层选举具有法定的体制基础,在村民自治、村民权力保障等方面具有紧密的联系。来自全村的村民"一人一票",从制度上促进了农村社区的"社会资本"建设,形成利益共同体。因此,"村域"层面有利于组织乡村社会自治和社区发展;另一方面,乡村社会长期以来形成的以血缘、亲缘、族缘等家族关系为纽带的社会群落,以及社会群落所产生的对于"村域"物质边界的壑间领域感,通过传统农耕生产活动和民俗文化活动传递、传承至今,已经塑造了代代相传的社区归属感和认同感。在一些农村地区,"村域"范围内村民的这种归属感和认同感,通过设置在村里的庙宇、道观等宗教场所每年约定俗成的活动,得以更加凝聚和强化,成为乡村社会文化特色的重要内容,也成为被称为"乡愁"的精神内涵之一。

因此,从这个意义上说,在村域层面重点组织推进"美丽乡村"的社会文化发展更为有效。

（三）村庄层面

在"村庄层面"来实施"美丽乡村"建设工作具有突出的近期成效。一般来说,村民住宅和公共设施较为集中在村民委员会所在的村庄,便于实施物质空间环境的改造,便于配置必要的公共服务设施,市政基础设施(如供水、污水处理、电力、电讯、北方地区的集中供热,以及垃圾收集处理等)建设将更好地服务村民居住,方便生活,并使得设施配置的效率更高。同时,"村庄层面"空间环境的改善将产生直接的环境美化作用,增强村民建设"美丽乡村"的信心和家乡自豪感,反过来也促进了在外经商的村民投资家乡发展经济的意愿,为培育乡村自身的"造血机能"带来更多的资源。乡村自身的产业经济一旦发展走上良性循环,就业岗位增加,那么,在外打工的农村青年就会产生回乡发展的愿望。当一部分农村年轻劳动力开始返回乡村时,农村"留守老人、留守儿童、留守妇女"的"三留"社会问题也可望得以解决。

此外,"村庄层面"空间环境的改善,也将直接给社会文化的建设发展提供物质条件。例如,目前在浙江省农村开展的"乡村文化礼堂"项目建设,就可以结合"村庄层面"物质空间环境的改造得以实施。通过在"村庄层面"原有公共建筑和场地的改造和再利用,既不必占用基本农田,又可以使得原有被废弃的公共建筑和场地得以活化、再生。

因此,"村庄层面"重点加强"美丽乡村"空间环境建设更为有效,具有较好的可操作性。

第四节　生态文明建设"六项原则"

习近平同志在《推动我国生态文明建设迈上新台阶》这篇重要文献中,科学概括了推进生态文明建设必须坚持的"六项原则"。

一、坚持人与自然和谐共生

这是践行习近平生态文明思想、指导生态文明建设的根本、核心、首要原则,也是党的十九大确立的坚持和发展中国特色社会主义的十四项基本方略之一。习近平同志指出,"人因自然而生,人与自然是一种共生关系"。"共生"概念源自生物学,有狭义和广义之分。狭义上的"共生"是两种密切接触的不同生物之间形成的互利关系;广义上的"共生"即发生频繁密切接触的不同物种间的关系,包括双方高度依赖又没有不利影响的原始协作(Symbiosis)、一方获益而另一方不受影响的偏利共生(亦称共栖)(Commensalism)、双方都必然有利的互利共生(Mutualism)和一方获益而另一方受到损害的寄生(Parasitism),以及偏害、互害等。前三者可统称为和谐共生,而后三者则为不和谐共生。人与自然是生命共同体,二者之间经由物质、能量、价值循环发生相互作用,可能是和谐共生,也可能是不和谐共生。正如《世界科学家对人类的警告》曾声明,"人类与自然界处在彼此冲突的进程中。人类的活动给环境的主要资源造成了严重的、无可挽回的破坏。如果不加遏制,我们的许多行为将使我们所期待的未来人类社会和动植物世界处于危险的境地,将巨大地改变这个生命家园"。为了人与自然和谐,永续人与自然生命共同体,人类必须利用自身力量促进人与自然良性互作、和谐共生,终止人与自然恶性互作、非和谐共生。因此,生态文明建设必须坚持人与自然和谐共生。

二、绿水青山就是金山银山

人与自然和谐共生本质是满足人的需要和保护自然之间良性相互作用,也就是发展和保护和谐共生,而非非此即彼。因此,1987 年联合国发布《我们共同的未来》以来,特别是 1992 年联合国环发大会以后,国际社会强调统筹发展与保护。在人类承担人与自然和谐的主体责任条件下,实现人与自然良性交互,人类必须保护自然。习近平生态文明思想强调自然就是财富,提出绿水青山就是金山银山,保护自然就是保护生产力、就是增进人类福祉。这是发展与保护之间正的相互作用的根本基础。正是从这种意义上,绿水青山就是金山银山阐述了经济发展和生态环境保护的关系,揭示了保护生态环境就是保护生产力、改善生态环境就是发展生产力的道理,指明了实现发展和保护协同共生的新路径。因此,习近平生态文明思想实践以绿水青山就是金山银山为核心原则。

把自然当作财富,把绿水青山当作金山银山的理由有二。第一,绿水青山是自然财富和生态财富。自为的绿水青山给人类提供的有用的东西即自然服务或生态系统服务。根据联合国千年生态系统评估项目(Millennium Ecosystem Assessment,MA),自然服务包括供给服务,如食物、淡水、基因资源等;调节服务,如水文调节、气候调节、疾病控制等;文化服务,如精神与宗教价值、故土情结、文化遗产、娱乐与生态旅游等;支持服务,如制造氧气、初级生产、土壤形成等,它们是人类生产、生活不可或缺的惠益。第二,绿水青山是经济财富和社会财富。在人类发展水平低下时,绿水青山提供的自然服务相对人类的需求是充足或剩余的,因而,绿水青山及其自然服务虽有使用价值但一般并非经济财富——相对于人类需要而言稀缺的财富,亦无有效利用和保护问题。但随着人类发展,绿水青山及其自然服务逐渐变得稀缺。这种稀缺意味着,绿水青山及其自然服务不仅成了经济财富,而且其有效利用和保护成为人类社会面临的生存和发展问题,并在被有效利用和保护过程中转变为人为自然,自然而然成了人造的社会财富。

三、良好生态环境是最普惠的民生福祉

以良好的生态环境是最公平的公共产品、是最普惠的民生福祉为基本原则,本质上就是以生态环境公平正义为基本原则。这一原则既是以人民为中心推进生态文明建设的内在要求,也是解决生态环境问题、满足人民日益增长的优美生态环境需要的必由之路。

首先,以人民为中心推进生态文明建设的内在要求。人与自然是生命共同体,生态环境是人不可或缺的自然服务提供者。对于每个人的生存、健康和发展,无论从事何种活动、身处何时何地,生态环境提供的自然服务都是不可或缺的。因此,以人民为中心推进生态文明建设必须始终坚持生态环境公平正义。

其次,解决生态文明建设主要矛盾的必然选择。随着人与自然共生关系的演变,人民日益增长的良好生态环境需要和高质量生态产品发展不平衡不充分的矛盾成为生态文明建设日益突出的主要矛盾。解决这一矛盾,必须把生态系统服务纳入基本公共服务均等化的目标,面向全体人民均等地提供更多优质生态产品。因而,习近平同志要求:"加快改善生态环境质量,提供更多优质生态产品,努力实现社会公平正义,不断满足人民日益增长的优美生态环境需要。"

最后,解决生态环境问题的必由之路。生态环境公平正义是调节自然服务开发、利用、保护中人与人责权利关系的基本道德原则和规范,集中体现了人与人、人与自然矛盾的交互性,要求人与人之间必须遵守生态环境权利和义务对等的理念,公平占有和使用自然服务、分配保护生

态环境的责任和义务,以实现人与自然和谐共生。然而,由于历史的累积,现实生活中生态环境权利和义务不对等问题十分突出,是生态环境问题的主要根源。这意味着,解决生态环境问题必须遵循生态环境公平正义的要求,理顺人与人之间生态环境责权利关系,纠正现实的生态环境权利和义务不对等问题,真正使人与人之间都能平等地在自然服务开发、利用、保护中受益。因此,以生态环境公平正义为基本原则,坚持良好的生态环境是最公平的公共产品,是最普惠的民生福祉基本原则,是解决生态环境问题的必由之路。

四、山水林田湖草是生命共同体

生态环境系统治理的原则就是以山水林田湖草为生命共同体,这是科学治理的内在要求。作为人类生存发展的物质基础,生态环境是由大气、水文、地貌、动植物等组成的一个整体,内部要素并非机械地整合在一起,也并非在时空上随机结合,而是通过物质、能量、信息流通而相互作用、相互影响,形成一个自然系统。这是不以人的意志为转移的客观规律。因此,习近平同志要求深刻认识、尊重、顺应这一客观规律,并生动形象揭示这一规律,指出"山水林田湖草是生命共同体。……人的命脉在田,田的命脉在水,水的命脉在山,山的命脉在土,土的命脉在林和草",强调"要算大账、算长远账、算整体账、算综合账","要从系统工程和全局角度寻求新的治理之道,不能再是头痛医头、脚痛医脚,各管一摊、相互掣肘,而必须统筹兼顾、整体施策、多措并举,全方位、全地域、全过程开展生态文明建设",并警告"如果因小失大、顾此失彼,最终必然对生态环境造成系统性、长期性破坏"。然而,现实生活中孤立、片面、从一时一地一要素而非联系、系统、全面看问题、想问题、解决问题的方式方法却普遍存在。

因此,习近平生态文明思想所提出的生态文明建设就是要以山水林田湖草是生命共同体为基本原则,从全要素、全地域、全过程三方面系统地治理生态环境。

五、用最严格的制度、最严密的法治保护生态环境

这一原则强调保护生态环境必须依靠制度、依靠法治,以最大的认真掌握制定制度、执行制度和监督制度实施的标准,必须牢固树立起制度的刚性和权威,不得做选择、搞变通、打折扣,对任何地方、在任何时候、对任何人,凡是需要追责的,必须一追到底,决不能让制度规定成为"没有牙齿的老虎",以确保制度不偏离人与自然和谐共生的基本原则。作为最大的公共产品,一方面,生态环境作为纯公共产品部分的非竞争性、非排他性,会带来"搭便车"现象,从而使自然服务供给能力不足;另一方面,生态环境作为公共资源部分的竞争性和非排他性,会带来生态环境的过度利用,导致资源损耗、环境污染、生态退化。党的十八届三中全会明确提出,"建设生态文明,必须建立系统完整的生态文明制度体系,实行最严格的源头保护制度、损害赔偿制度、责任追究制度,完善环境治理和生态修复制度,用制度保护生态环境"。"奉法者强则国强,奉法者弱则国弱。令在必信,法在必行。制度的生命力在于执行,关键在真抓,靠的是严管。"然而,我国生态环境保护中存在的突出问题大多同体制不健全、制度不严格、法治不严密、执行不到位、惩处不得力有关。为加快制度创新,增加制度供给,完善制度配套,强化制度执行,让制度成为刚性的约束和不可触碰的高压线,以保护人类赖以生存和发展的物质基础,生态文明建设要以用最严格制度最严密法治保护生态环境为基本原则,严格用制度管权治吏、护蓝增绿,有权必有责、有责必担当、失责必追究,保证生态文明建设落地生根见效。

六、共谋全球生态文明建设

以共谋全球生态文明建设为基本原则,究其原因是多方面的。首先,正如习近平同志所指出,"地球是全人类赖以生存的唯一家园","建

设美丽家园是人类的共同梦想"。其次,地球生态环境具有不可分割性。地球生态环境不能按国界无限细分,保护生态环境具有跨国界特征。同时,保护地球生态环境具有一定的门槛。例如,根据 2016 年签署的《巴黎协定》,为防止全球生态环境危机,人类必须把全球平均气温较前工业化时期上升幅度控制 2.0℃以内,甚至 1.5℃以内,显然这是任何单一国家或区域集团即使尽其所能也不能实现的。因此,保护地球生态环境各国需要同舟共济、共同努力,任何一国都无法置身事外、独善其身。再次,共同但有区别的责任已经成为国际环境法一项重要的原则,首先强调的是责任的共同性。国家不论面积大小、人口多寡、地理环境的区别,都必须承担保护和改善环境的义务,都应当对保护全球环境负责,都应当加入到全球环境保护事业中来。全球生态文明建设必须毫不动摇地加以坚持并落实。最后,"中国愿同各国一道,共同建设美丽地球家园,共同构建人类命运共同体"。中国早已成为全球生态文明建设日益突出的重要参与者、引领者、贡献者,通过深度参与全球环境治理的过程,在全球环境治理体系中加强话语权和影响力,积极引导国际秩序变革的方向,为世界环境的保护和可持续发展提供解决方案,让生态文明的理念和实践造福世界人民。

第三章　乡村生产空间的整治

第一节　土地利用与土地整治

一、土地利用

（一）农用地的生态功能

农用地，是指包括耕地、园地、林地、草地、及其他农用地在内的，直接用于农用生产的土地。生态功能，即生态系统服务，指的是生态系统在维持生命的物质循环和能量转换过程中，使人们从中获得惠益。

1.耕地的生态功能

耕地，是指包括熟地，新开发、复垦、整理地，轮歇、轮作休闲地在内的，用于种植农作物的土地；也可以是指以种植农作物为主，间隔种植少量果树或其他树木的土地。耕地最主要的价值是耕地系统具有生物生产功能，可以为人类提供生活必需的食物和其他生物产品；不仅如此，耕地还为生物提供了一种不一样的生存环境，形成耕地生态系统特有的生物种群结构；此外，耕地的功能还有能够涵养水源、改善空气中物质成分的构成、净化环境中的有毒有害的物质等功能。

2.园地的生态功能

园地，是指每亩株数大于合理株数70％或覆盖度大于50％的，种植以采摘果、根、茎、枝、叶等为主的集约经营的草本植物和多年生木本，园地中的土地包括了用于育苗的土地。园地主要为人类提供药用、食用、工业用产品等。此外,草本植物具有一定的草地生态功能,木本植物具有一定的林地生态功能。

3.林地的生态功能

林地,是指生长灌木、乔木、竹类的,包括迹地以及沿海红树林生长地在内的土地。林地具有生态功能,例如三北防护林、农田防护林、沿海防护林等可以形成生态屏障;水土保持林通过截留降水,以此减弱雨水对土壤的冲刷,既可以吸收水分,又可以固定土壤,还可以涵养水源;森林可以减少地表蒸发,增加空气湿度,吸收二氧化碳,缓解温室效应,还可以阻挡、过滤和吸附灰尘,净化空气;一定面积的树木还可以为人们提供活动空间,有效改善城市景观。

4.草地的生态功能

草地,是指以生长草本植物为主的土地。草地生态系统不仅可以生产药用、食用、工业用、环境用植物资源,还可以产出人类生活必需的奶、肉、毛、皮等畜牧业产品;草地具有水资源调节、气候调节、空气质量调节、土壤碳固定、侵蚀控制、营养物质循环、废弃物降解等服务功能。

5.其他农用地的生态功能

其他农用地,是指除了耕地、园地、林地、草地以外的农用地,主要包括设施农田水利用地、农用地、田埂、坑塘水面、养殖水面、农村道路等。其中涉及的水域类用地具有净化水质、保护生物和降解污染等功能。

(二)乡村土地利用支持生态宜居

土地是生态系统的重要组成部分,土地利用影响生态系统的景观多样性、生物多样性、土地质量、大气环境和水文特征等。同时,土地是各宜居要素的基本载体,承载各种基础设施、公共设施、居住房屋、附属建筑物、农业生产、园林绿化、地表水等。乡村土地利用在生态宜居中的作用主要体现在以下六个方面。

1.对包含土地资源在内的自然资源开展统一确权登记,为乡村自然资源的规划、评价、生态效益和高效利用提供基础数据支撑。

2.通过"三权分置",使得土地经营权设置更加灵活,促进土地流转是打造乡村田园综合体的重要基础条件,也是成功在多种形式下经营适度规模的乡村,深化乡村土地制度改革和发展的主要抓手。

3.重视农用地的保护,重点保护耕地,增加轮作休耕试点面积,提高农用地生态效益,完善草原森林耕地河流湖泊休养生息制度,让村民可以生活在良好的生态环境中。

4.通过土地整治,增强土地服务功能,提升耕地的质量,提高土地在水土保持、气候调节、净化空气、乡村观光旅游等方面的能力,更好地建设农村景观。

5.遵循"望得见山、看得见水、记得住乡愁"的重要思想,依照"山水林田湖是一个生命共同体"的重要理念,通过对乡村土地进行规划,合理规划乡村基础设施建设、经济发展、环境整治、耕地保护、生态保护、社会事业发展、文化传承等各项用地,加强对生态环境进行治理和修复,加强对人文历史景观、自然保护区、地质遗迹、水源涵养地等的保护,促进人与自然和谐统一、共同发展。

6.通过依法盘活集体经营性建设用地、空闲农房及宅基地等途径,多渠道筹措资金用于农村人居环境整治,可以营造清洁有序、健康宜居的生产生活环境。城乡建设用地增减挂钩所获土地增值收益,应按相关规定用于支持农业农村发展和改善农民生活条件。村庄整治增加耕地获得的占补平衡指标收益,应通过支出预算统筹安排支持当地农村人居环境整治。

(三)耕地轮作休耕的要求

探索实行耕地轮作休耕制度试点,是党中央、国务院着眼于我国农业发展突出矛盾和国内外粮食市场供求变化作出的战略安排,目的是促进耕地休养生息和农业可持续发展。

开展耕地轮作休耕制度试点,是实施乡村振兴战略的重要内容,也是加快生态文明建设的重要任务。因为曾经为确保供给,让村民能够吃饱饭,追求增加产量,导致耕地处于超强度开发状态,过度消耗水资源,过量使用农药化肥,严重透支了农业生态环境。故当务之急是改变这种生产方式,降低农业资源利用的强度,减缓农业面源污染加重的趋势,摆脱超强度利用各类资源的现状,遏制农业生态系统继续恶化的势头,逐步治理被污染的耕地,逐步改善已退化的生态,找到生态严重退化地区有效的治理方式,让水变清、山变绿、地变肥,让农业农村生态环境变得更加美好,达到生态宜居环境要求,实现资源的永续利用。

1.休耕

休耕,是指让土地休养生息,而不是让土地荒芜。休耕的内涵就是用地、养地相结合,以此来巩固和提升农作物生产力。开展休耕试点的重点应该放在生态严重退化地区、重金属污染区和地下水漏斗区。在休耕期间,要加强耕地的保护与管理,防止出现水土流失等土壤破坏现象。同时,遵守休耕制度,不仅能让处于过于疲惫紧张的耕地得到休养生息,一定程度地治理修复生态系统;也能通过解决土壤相关问题,加强农业发展的后劲,真正地实现藏粮于地。以下为重点区域开展休耕试点的方法。

(1)地下水漏斗区。连续多年实施季节性休耕,实行"一季休耕、一季雨养",将需抽水灌溉的冬小麦休耕,只种植耐旱耐瘠薄的杂粮杂豆和雨热同季的春玉米、马铃薯,减少地下水用量。

(2)重金属污染区。在建立防护隔离带、阻控污染源的同时,采取施用石灰、翻耕、种植绿肥等农艺措施,以及生物移除、土壤重金属钝化等措施,修复治理污染耕地。连续多年实施休耕,休耕期间,优先种植生物量高、吸收积累作用强的植物,不改变耕地性质。经检验达标前,严禁种植食用农产品。

(3)生态严重退化地区。技术路径:调整种植结构,改种防风固沙、涵养水分、保护耕作层的植物,同时减少农事活动,促进生态环境改善。在西南石漠化区,选择25°以下坡耕地和瘠薄地的两季作物区,连续休耕

3年。在西北生态严重退化地区,选择干旱缺水、土壤沙化、盐渍化严重的一季作物区,连续休耕3年。

2.轮作

在同一田块上有顺序地在季节间和年度间轮换种植不同作物或麦后留茬播种玉米复种组合的种植方式。如一年一熟的大豆—小麦—玉米三年轮作,这是在年度间进行的单一作物的轮作;在一年多熟条件下既有年度间的轮作,也有年内季节间的换茬,如南方的绿肥—水稻—水稻—油菜—水稻—小麦—水稻—水稻轮作,这种轮作有不同的复种方式组成,因此,也称为复种轮作。

轮作试点主要在东北冷凉区、北方农牧交错区,推广"一主四辅"种植模式。"一主"即为实行玉米与大豆轮作,发挥大豆根瘤固氮养地作用,提高土壤肥力,增加优质食用大豆供给产量。"四辅"即实行玉米与马铃薯等薯类轮作,改变重迎茬,减轻土传病虫害,改善土壤物理和养分结构;实行籽粒玉米与饲用油菜、草木樨、青贮玉米、苜蓿、黑麦草等饲草作物轮作,以养带种、以种促养,满足草食畜牧业发展需要;实行玉米与红小豆、谷子、高粱、燕麦等耐旱耐瘠薄的杂粮杂豆轮作,减少灌溉用水,满足多元化消费需求;实行玉米与花生、向日葵、油用牡丹等油料作物轮作,增加食用植物油供给。

二、土地整治

(一)土地整治的内容

国家实行土地整治制度,对低效利用和不合理利用的土地进行整理,对生产建设破坏和自然灾害损毁的土地进行复垦,对未利用土地进行开发,提高土地利用率和产出率。土地整治是各类土地整理、复垦、开发以及城乡建设用地增减挂钩等活动的统称。

1.土地整理

采取平整土地、归并地块,建设灌溉、排水、道路、农田防护与生态环境保持等措施,通过综合整治农用地及其间的零星建设用地和未利用地等,提高耕地质量和增加有效耕地面积,提高农田集中连片程度,促进农田适度规模经营,改善农业生产条件和生态环境的活动。

2.土地复垦

采取工程、生物等措施,对在生产建设过程中因挖损、塌陷、压占、污染或自然灾害损毁(包括地震、洪灾、滑坡崩塌、泥石流、风沙)等原因造成破坏、废弃的土地进行综合整治,使其恢复到可利用状态,增加农用地和耕地面积的活动。

3.土地开发

在保护和改善生态环境的前提下,以水土资源相匹配为原则,采取工程、生物等措施,科学合理开发利用宜农未利用地,增加农用地和耕地面积的活动。

4.农村建设用地整理

按照统筹城乡发展和村庄规划建设要求,采取工程技术、土地产权调整等措施,对农村居民点及农村所属特殊用地、工矿用地等进行拆迁、重建、更新、合并,优化农村建设用地布局,促进农村建设用地集约利用,完善农村基础设施和公共服务设施,改善农村生产生活条件和增加有效耕地面积的活动。

5.高标准农田建设

以建设高标准农田为目标,依据土地利用总体规划和土地整治规划,在农村土地整治重点区域及重大工程建设区域、基本农田保护区、基本农田整备区等开展的土地整治活动。实现"田成方、林成网、路相通、渠相连、土肥沃、水畅流、旱能灌、涝能排、渍能降"的标准化格局。

(二)土地整治工程

土地整治工程分为土地平整工程、灌溉与排水工程、田间道路工程、农田防护与生态环境保持工程、农田输配电工程。

土地平整工程包括耕作田块平整工程、梯田修筑工程、耕作层地力保持工程。土地平整工程应尽量以耕作田块或地块为基本单元,填挖宜在同一平整单元内进行达到保水、保土、保肥,并与灌溉与排水、田间道路、农田防护与生态、环境保护工程建设相结合,使田块规整、便于耕作,形成高标准的条田、梯田、格田等。梯田修筑工程主要包括梯田布置与选型、梯田平整度、梯田埂坎、相邻梯田田块的高差、耕作层厚度、梯田的灌溉等。耕作层地力保持工程主要包括表土保护、客土回填、土方挖填平衡、土壤改良等。

灌溉与排水工程分为水源工程、输水工程、喷微灌工程、排水工程、渠系建筑物工程、泵站工程。水源工程一般指塘堰、小型拦河坝(闸)、蓄水池、水窖等蓄水工程,以及引提水工程和机井工程。输水工程包括明渠、低压管道、地面移动软管等。喷微灌工程包括在水源紧缺、地形起伏较大、灌水频繁或经济作物地区设置喷灌,在水资源相对缺乏种植粮食的区域、经济条件较好区域或种植经济作物区域设置微灌。排水工程包括明沟排水、暗管排水、竖井排水。渠系建筑物工程包括水闸、渡槽、涵洞、农桥、倒虹吸、跌水与陡坡、量水设施等。泵站工程包括灌溉泵站、排水泵站和灌排结合泵站。

田间道路工程分为田间道路工程、生产路工程。田间道路包括田间道和生产路,其中田间道按主要功能和使用特点分为田间主道和田间次道。生产路主要指通行小型农机具的道路。

农田防护与生态环境保持工程分为农田林网工程、岸坡防护工程、沟道治理工程、坡面防护工程。农田林网适宜于平原地区,农田防护(防风)林带应以乔木为主,风沙区农田防护(防风)林带以乔木、灌木结合为宜。岸坡防护工程以旧堤改造、堤防加固为主。沟道治理工程包括谷坊、沟头防护工程、拦沙坝等。坡面防护工程包括截水沟、排洪沟、蓄水池、沉沙池等。

农田输配电工程分为输电工程、配电工程。输电工程主要考虑输电线路高压与低压、线路架设、地埋线等。配电工程主要包括变压器负荷、变压器容量、变压器低压侧电压等。农田输配电工程应与灌溉与排水系统、农田其他用电系统相结合进行布设。

（三）土地整治在生态宜居中的作用

1.优化用地格局，夯实乡村振兴的产业发展基础。保障乡村产业发展用地，提升农业产业链、价值链，激发乡村内生发展动力。扎实开展土地权属调整，提高农业生产土地产出率、资源利用率、劳动生产率和科技贡献率。

2.促进人地和谐，筑牢乡村振兴的生态人文根基。土地整治要注重保护自然环境和修复受损生态，注意保留当地传统农耕文化和民俗文化特色。将绿色、生态理念贯穿于规划、设计、施工、验收、管护的全部流程和环节，打造特色田园风光。

3.创新实施方式，提升乡村振兴的治理能力。土地整治需要真正树立农民在土地整治中的主体地位，引导和鼓励农民全程参与整治。按照"乡镇主导—村级实施—农民主体—部门指导"模式推进土地整治，创新组织实施方式。

4.用活用好政策，拓展乡村振兴的增收渠道。土地整治要加强总体设计，拓宽农民增收渠道，项目实施整治后的土地利用及其收益向当地农民倾斜。搭建区域间土地资源优化配置平台与区域间有偿帮扶机制，带动或推动贫困地区加快脱贫。

第二节 生态农业的营建

一、生态农业的定义与特点

(一)生态农业的定义

在人类漫长的农业发展过程中,大致经历了三个时段:第一,原始农业阶段,约 7000 年;第二,传统农业阶段,约 3000 年;第三,现代农业阶段,至今约 200 年。越来越多的人注意到,上个世纪 70 年代以来,尽管现代农业大大提高了劳动生产率,丰富了人类的物质生活,但造成了农药和化肥用量增加、土壤侵蚀、环境污染等种种现象,使得生态环境恶化,加剧了生态危机。面对这些问题,世界各国开始对农业发展的新途径和新模式进行探索,而生态农业为农业发展指明了方向,成为世界各国的最佳选择。

生态农业(Eco-agriculture),简称 ECO,是在保护、改善农业生态环境的前提下,遵循生态学、生态经济学规律,运用系统工程方法和现代科学技术,集约化经营的农业发展模式,是按照生态学原理和经济学原理,运用现代科学技术成果和现代管理手段,以及传统农业的有效经验建立起来的,能获得较高的经济效益、生态效益和社会效益的现代化农业。

生态农业将农业经济系统与综合农业生态系统相结合,其目的是将生态经济整体效益最大化。它是一个农业生态经济复合系统,不仅是农、林、牧、副、渔各业结合的综合型大农业,也是集农业种植、养殖、农业加工、销售、农业旅游于一体,适应当代市场经济发展的现代农业。

在 20 世纪 60 年代末期,生态农业是相对于"石油农业"这一概念而提出来的,人们将生态农业看作是继石油农业后,世界农业的一个重要发展阶段。生态农业通过提高生物能的转化率、太阳能的利用率和固定率、废弃物的再循环利用率等,使得物质在农业生态系统内部得到高效循环和多次重复利用,用尽可能少的投入,获得尽可能多的产出,并获得能源再利用、生态环境保护、生产发展、经济效益等相统一的综合性效果,让农业生产进行良性循环。

不同于一般农业,生态农业既避免了石油农业的弊端,还发挥了其优越性。它通过适量使用化肥和低毒高效的农药等,突破传统农业的局限性,而且保持其施用有机肥、精耕细作、间作套种等优良传统。生态农业不只是一个有机农业与无机农业相结合的综合体,又是一个庞大的综合系统工程和高效的、复杂的人工生态系统以及先进的农业生产体系。以生态经济系统原理为指导建立起来的资源、效率、环境、效益兼顾的综合性农业生产体系。中国的生态农业包括农、林、牧、副、渔和某些乡镇企业在内的多层次、多部门、多成分相结合的复合农业系统。

20 世纪 70 年代主要措施是实行粮、豆轮作,混种牧草,混合放牧,增施有机肥,采用生物防治,实行少免耕,减少化肥、农药、机械的投入等。80 年代创造了许多具有明显增产增收效益的生态农业模式,如稻田养鱼、稻田养萍,林粮、林果、林药间作的主体农业模式,农、林、牧结合,粮、桑、渔结合,种、养、加结合等复合生态系统模式,鸡粪喂猪、猪粪喂鱼等有机废物多级综合利用的模式。生态农业的生产以资源的永续利用和生态环境保护为重要前提,根据生物与环境相协调适应、物种优化组合、能量物质高效率运转、输入输出平衡等原理,运用系统工程方法,依靠现代科学技术和社会经济信息的输入组织生产。通过食物链网络化、农业废弃物资源化,充分发挥资源潜力和物种多样性优势,建立良性物质循环体系,促进农业持续稳定地发展,实现经济、社会、生态效益的统一。因此,生态农业是一种知识密集型的现代农业体系,是农业发展的新型模式。

生态农业的思想最早起源于古老的中国,自春秋时期以来,中国农民就懂得利用人工除草、物理杀虫等方法,遵循用地养地的道理。中国生态农业的基本内涵是:按照生态学原理和生态经济规律,应该根据土地形态制定适宜土地的设计、组装、调整、管理农业生产和农村经济的系统工程体系。它要求把发展粮食与多种经济作物生产,发展大田种植与林、牧、副、渔业,发展大农业与第二、三产业结合起来,利用传统农业精华和现代科技成果,通过人工设计生态工程、协调发展与环境之间、资源利用与保护之间的矛盾,形成生态上与经济上两个良性循环,经济、生态、社会三大效益的统一。

1924 年生态农业在欧洲才兴起,20 世纪 30～40 年代在瑞士、英国、日本等得到发展;60 年代欧洲的许多农场转向生态耕作,70 年代末东南亚地区开始研究生态农业;至 20 世纪 90 年代,世界各国均有了较大发展。"中国生态农业"与西方那种完全回归自然、摒弃现代投入的"生态农业"主张完全不同。它强调的是继承中国传统农业的精华——废弃物质循环利用,传统老品种筛选利用;规避常规现代农业的弊病(单一连作,大量使用化肥、农药等化学品,大量使用化石能源等);通过用系统学、生态学规律指导农业和农业生态系统结构的调整与优化(如推行立体种植,病虫害生物防治),改善其功能;以及推进农户庭院经济等。在从村到县的各级生态农业的试点上,曾普遍取得良好的效果。建设生态农业,走可持续发展的道路已成为世界各国农业发展的共同选择。

(二)生态农业的特点

1.综合性

生态农业遵循"整体、协调、循环、再生"的原则,以大农业为中心,进行全方位地规划,同时调整并优化农业结构,使农村一、二、三产业和农、林、牧、副、渔互相支持,相得益彰,综合发展,提高综合生产能力,发挥出农业生态系统的整体功能。

2.高效性

生态农业通过物质循环和能量多层次综合利用,以及废弃物资源化利用,降低农业成本,实现经济增值,为农村剩余劳动力创造农业内部就业机会,提高农民生产积极性。

3.多样性

由于我国地域宽广辽阔,不同地域资源条件、经济发展、社会发展水平差异较大,生态农业汲取了我国传统农业精髓,并结合现代的科学技术,装备多种不同的生态工程、生态模式和技术类型,让各区域发挥其优势,做到因地制宜、扬长避短。

4.持续性

生态农业的发展在保护生态资源、改善生态环境、维护生态平衡、固碳减排等方面具有重要的意义。它能够将生态环境保护与经济发展紧密地结合起来,不仅最大程度地满足人们对农业产品日益增长的需求,而且能够增强生态系统的稳定性和持续性,促进农业进一步发展。

二、国内主要生态农业模式

为进一步促进生态农业的发展,农业农村部征集370种生态农业模式或技术体系,通过专家反复研讨,遴选出经过一定实践运行检验,具有代表性的十大类型生态模式,作为今后一个时期的重点任务加以推广。

(一)北方"四位一体"生态模式

利用可再生能源、大棚蔬菜、日光温室养猪及厕所等4个要素合理配置,建成以太阳能和沼气为能源,以沼渣和沼液为肥源,实现种植业、养殖业相结合的生态农业模式,资源得到高效利用,综合效益明显。

(二)南方"猪—沼—果"生态模式

以沼气为纽带,利用山地、农田、水面、庭院等资源,采用"沼气池—猪舍—厕所"三结合工程,因地制宜开展"三沼"综合利用,带动畜牧和林果等相关产业共同发展的生态农业模式,实现了农业资源高效利用、提高农产品质量、增加农民收入等目标。

(三)平原农林牧复合生态模式

依据生态学和经济学原理,充分利用土地资源和太阳能,以沼气为纽带,通过生物转换技术,将节能日光温室、沼气池、畜禽舍、蔬菜生产等有机地结合,形成产气积肥同步,种养并举,能源、物流良性循环的种养生态农业模式。

(四)草地生态恢复与持续利用生态模式

按照植被自然分布规律、草地生态系统物质循环和能量流动基本原理,运用现代技术,因地制宜实施减牧还草、退耕还草、种草养畜等恢复草地植被,提高草地生产力,充分利用秸秆资源,改善生态和生产环境,增加农牧民收入,促进草地畜牧业可持续发展。

(五)生态种植模式

根据作物生长发育特点,将传统农业的间、套等种植方式与现代高产品种、科学施肥、植物保护、土壤培肥等农业科学技术相结合,充分利用光、热、水、肥、气等自然资源、生物资源,获得较高产量和经济效益。

(六)生态畜牧业生产模式

根据生态学和生态经济学原理,在畜牧业生产过程中饲料及饲料生产、养殖及生物环境控制、废弃物综合利用及畜牧业粪便循环利用等环节能够实现清洁生产,从而达到保护环境、资源永续利用生产优质、无污染和健康的农畜产品。

(七)生态渔业模式

遵循生态学原理,按生态规律,采用现代生物技术和工程技术进行多品种综合养殖,利用生物间的互相依存和竞争关系,合理搭配养殖品种与数量,合理利用水域、饲料资源,协调生存,保持各种水生生物种群的动态平衡和食物链网结构合理的一种渔业生产模式。

(八)丘陵山区小流域综合治理模式

根据丘陵山区地貌变化大、生态系统类型复杂、自然物产种类丰富的特点,因地制宜发挥生态资源优势,发展农林、农牧或林牧综合性特色生态农业。如"围山转"、生态经济沟、生态果园模式等。

（九）设施生态农业模式

在设施工程基础上,通过有机肥料与化学肥料配合施用、以生物防治和物理防治结合进行病虫害防治、以动植物的共生互补良性循环、水肥一体化等技术构成的新型高效生态农业模式。

（十）观光生态农业模式

以生态农业为基础,强化农业的观光、休闲、教育和自然等多功能特征,形成具有第三产业特征的农业生产经营形式,包括高科技生态农业园、生态农庄、生态农业公园和生态观光村等模式。

三、生态循环农业

（一）循环农业的内涵

循环农业是农业经济可持续发展的重要手段。近些年来,国家对农业经济转型发展投入甚多,循环农业对于农业环境保护的效果也是逐步好转。

其基本内涵是:运用生态系统和经济活动系统的基本规律指导人类利用自然资源和环境容量,把清洁生产、资源及其废弃物综合利用、生态设计和可持续消费等融为一体,对各种资源要素进行统筹规划,不断优化农业生产及消费过程的产业链整体结构,实现链网内物质、能量的多层次循环利用和农业生产经济活动对环境的危害或破坏最小化。循环农业是一种以资源的高效利用和循环利用为核心,以"减量化、再利用、再循环"和减少废物优先为行为准则,以低消耗、低排放、高效率为基本特征,达到污染低排放或零排放的一种农业生产体系。

现代生态循环农业是将种植业、畜牧业、渔业等与加工业有机联系的综合经营方式,利用物种多样化微生物科技的核心技术在农、林、牧、副、渔多模块间形成整体生态链的良性循环,力求解决环境污染问题,优化产业结构,节约农业资源,提高产出效果,打造新型的多层次循环农业生态系统;同时,因地制宜,依托当地生态资源,搭建独立成熟的单一或多种复合农业模块的经营方式,充分利用我国地大物博的优势,既根植于当地生态环境的优质改善,又跨区域调配资源,形成现代生态循环农业。生态循环农业的发展对于现代农业生态改造将起到积极推动作用,为我国农业生态环境治理及结构调整提供全新的系统化解决方案。

(二)循环农业的原则

1. 遵循"减量化、再利用、再循环"的 3R 原则

循环农业有着一般循环经济的特点,是变"石油农业"和"工业化农业"的单向线性经济"资源—产品—废弃物"为闭环流动经济"资源—产品—再生资源",并在大循环经济中形成了自己的运行规则,这就是减量化、再利用、再循环原则。农业循环经济最终实现的目标是:资源投入最小化,废物利用最大化,污染排放最小化和经济效益最佳化。

一是减量化(Reduce)。尽量减少进入生产和消费过程的物质量,节约资源使用,减少污染物的排放;项目工程设计及实施时,都要最大限度地开发利用可再生资源,尽可能地少用或不用微生物不能分解以及破坏生态环境的工业产品,减少进入生产、消费和分解过程中的物质流,能源流和劳动力投入。

从事农业生产的劳动力大量流入非农产业,这是现阶段乃至今后的一个大趋势。因此,种植推行轻简栽培,水产业推进无公害养殖,畜禽业推行健康养殖,农业企业推行清洁化生产等技术是减量化的根本保证。以种植业为例,简化栽培能省种、省工、节水、节电、节肥(秸秆还田),投入产出比增大,人均生产量提高,机械化程度提高,劳均生产面积增大。因此,品种要求高产优质,丰产性好,适应性广,抗逆性强,抗虫耐病,对无机肥要求不高,但对有机肥要求敏感,用种量少,抗倒伏,早熟等。

二是再利用(Reuse)。提高产品和服务的利用效率,减少一次用品污染;农业生产中出现的废弃物不是废品,始终视为产品的原料,并通过"生物工程"(微生物分解)成为生物与人喜欢的产品,其资源的产品转化率除无害化消耗外是 100% 的。

三是再循环(Recycle)。物品完成使用功能后能够重新变成再生资源。农业生产上的一切资源是可再生的。无论是产品、副产品,还是废弃物都必须通过循环、再循环产出的。因此,循环是农业循环经济运行中的"心脏",是所有产品的"加工厂",而这个厂的效率决定于循环的合理性、平衡性和统一性。其中微生物的参与是衡量"三性"发展的重要标志。

2.遵循废物优先的原则

要求将避免废物产生作为农业生产活动的优先目标,把"资源—产品—废物"的线性物质流动方式变为"资源—产品—再生资源"的物质循环方式。农业产业内部层次(即点的层次)物能相互交换,互利互惠,使废弃物排放最小化;农业产业间的层次(即片的层次)相互交换废弃物,使废弃物得以资源化利用;农产品消费过程中和消费过程后层次(即面的层次)的物质循环,使资源得到最佳配置、废弃物得到有效利用、环境污染减少到最低水平。

(三)循环农业的特点

循环农业有着一般循环经济所不具有的由农业自身所产生的特点:第一,食物链条,农业内部参与循环的物体往往互为食物,以生态食物链的形式循环,循环中的各个主体互补互动、共生共利性更强;第二,绿色生产,对产品的安全性更为强调,控制化肥、农药的施用量;第三,干净消费,农业的主副产品在"吃干榨净"后回归大地;第四,土、水净化,"万物土中生","万物离不开水",土壤、耕地和水资源的保护至关重要,对耕地的占补平衡和水资源的可持续利用要予以特别关注;第五,领域宽广,不仅包括农业内部生产方式的循环,而且包括了对农产品加工后废弃物的再利用;第六,双赢皆欢,清洁和增收有机结合,既要干净,又要增收,二者不可偏废。

(四)我国生态循环农业模式

1.种养加工复合模式

该种养模式是以种植业、养殖业、加工业为核心的种、养、加工复合循环农业经济模式(简称种养加工复合模式),其采用清洁生产来实现农业规模化生产、加工增值和副产品的综合利用。该模式依托并整合当地优质的农业资源,大力发展"种植—养殖—农产品深加工"的循环经济,延伸价值链条,促进当地特色农业发展。

种养加工复合模式主要在我国水稻产区、小麦产区等得到一定程度的应用。该模式适用于传统农产品加工,如农户加工豆腐及磨粉后,将豆渣或粉渣作为喂养动物饲料,动物粪便排入沼池后,沼肥用于种植绿色水稻、蔬菜等;沼气用于烧饭、照明等。其特点在于能够实现农牧的高效复合,形成"粮—畜—肥—粮"的良性循环。

2.立体复合循环模式

该模式是以蚕桑业、种植业、养殖业为核心的丘陵山地立体复合循环农业经济模式,主要依托当地优质蚕桑资源和产业基础,以龙头企业为主体,养殖蚕桑,大力发展林下种植、养殖,它在一定程度上可以有效缓解地区水、土资源短缺问题。立体种养的循环农业模式主要应用在我国西南部的山地丘陵地区。

这种模式的优势在于:一方面利用生物循环系统的建立,改善环境、培肥地力、增加产出,进一步挖掘农林、农牧、林牧不同产业之间的相互促进与协调发展的能力;另一方面有助于土地的集约使用,合理规划时间与空间,实现土地生态系统综合效益的最优发挥。

3.物质再利用模式

该模式主要通过农业废弃物的多级循环利用,将上一产业的废弃物或农产品作为下一产业的原材料,如秸秆、畜粪等的利用,最终实现农业废弃物肥料化、能源化、饲料化和再加工,实现零排放,它包括秸秆综合利用、畜禽粪便综合利用及沼气综合利用3种具体模式。物质再利用模式的适用范围较广,没有地形、土壤等自然资源条件的限制,在全国范围内都可广泛应用。

（五）循环农业对农业环境保护的重要意义

1.循环农业是我国农业经济发展的必然趋势

当前全球范围内,存在着资源接近枯竭、生态接近失衡、粮食危机等状况,循环农业已经是农业经济发展的必然趋势。

（1）对于农业发展来说,尤其对于水资源需求量是巨大的,但我国却是全球13个贫水国家之一,我国当前水资源匮乏(例如西北地区)、水污染(例如长三角地区)等问题日益严重,因此循环农业已经成为重要的根治手段。

①在全国总水量中,农业发展用水量占据了很大的比重,将近70%,而在农业发展用水量的70%中,农业灌溉用水占据了90%,大部分农业相关产业都需要大量的灌溉水资源。这种情况就会导致出现季节性干旱和地区性干旱。比较典型的就是2020年洪涝灾害,在甘肃、新疆、陕西等西北地区年降雨量基本上在500毫米以下,常年处于干旱状态,在甘肃中部的农业大市——张掖市,其年降水量只有可怜的131毫米,主要的农业灌溉水源为祁连山雪水,但是近些年来随着祁连山雪线逐步上升,其降水量也是逐渐减小。而与上述情况形成鲜明对比的是长江中下游地区,根据重庆市水文监测总站监测,6月5日8点至6月6日8点,重庆彭水、石柱、奉节等5个区县出现暴雨,其日降水量已经达到103毫米,长江沿岸基本上都处于警戒水位或者超警戒水位状况,导致洪涝灾害发生,使得国家经济和人民财产损失巨大。此前有研究数据得出,由于我国农业灌溉缺水导致农业产量损失高达700亿公斤。

②在我国有些地区缺水严重的情况下,有些地方的农业用水却利用率不高,有些地区的农业水资源浪费甚至高达80%。

③我国各地的农业水资源污染极为严重,根据相关水自然报告表明,我国浅层地下水资源污染极为普遍,我国浅层地下水大约有50%的地区遭到不同程度的污染,其污染地表水系富营养化,这种情况不仅影响农作物生长,也造成了大量的耕地被污染,使得农业经济发展损失

惨重。

(2)农业主要生产要素对农业环境造成严重破坏,因此绿色农业发展的要求使得必须将循环农业作为主要出路。

①农业发展进程中,滥用病虫害药物,破坏农业环境。在病虫害防治药物中,差不多70%都是高毒性化学成分,再附加不科学施药等人为因素,使得农产品遭到严重污染,存在较大的安全隐患;

②农作物化肥使用不当,使得农作物营养过剩烧死或者营养流失,严重的会使得耕地土壤酸化、土壤养分散失,从而影响到农产品成长质量。

2. 循环农业是节能减排的根本途径

循环农业的发展核心是农业资源再利用,利用节约型农业发展技术,循环利用农业生产过程中污水、垃圾、秸秆及畜禽的粪便,降低农业发展成本,实现资源的有效再利用,减少对农业环境的污染,降低能耗,最大程度地进行资源再利用。我国一些地区已经实现循环农业,达到了节能减排的目标。因此循环农业节能减排的效果非常明显。在我国节能减排实施中其重点之一就是农业节能减排,其要求在农业生产过程中污染物的排放要少,同时对于水、土地、化肥、农药都要节制使用。因此农业相关部门应当要创新施肥技术,做好合理使用农药的宣传工作。农业发展对自然资源的依赖程度是非常高的,而我国幅员辽阔导致各地的自然条件天差地别,因此在循环农业时,应该统筹考虑当地实际情况,通过不同的生产模式优化循环农业。

(1)根据当地农业发展的制约因素,确定相应改善生态环境、防控自然灾害的环境调控策略;

(2)依据当地的土壤条件选择合适的种植作物;

(3)科学、合理地确定种植结构,充分利用耕地使得生物共生;

(4)充分利用当地产业和资源优势,构建一体化农业生产模式,使农业发展迈向产业化发展道路;

(5)充分考虑各地区农业产业结构特点,定位准确,多角度进行循环农业发展策划,根据各地区不同情况,因地制宜,充分利用当地产业资源和自然环境资源,全面规范农业生产模式,使得农业发展逐步走向可持续化、科学化,为农业经济增光添彩。

四、农业生态环境的可持续发展

(一)农业生态环境面临的问题

当前,我国农业生态环境面临着诸多问题,概括来讲主要包括四个方面。

1. 水土流失严重,土地荒漠化面积呈扩大趋势

仅黄河流域年流失土壤 8 亿吨;我国有荒漠化土地 262 万平方千米。耕地退化面积占到耕地总面积的 40% 以上;耕地侵占草地、草地超载过牧加剧了草地退化;草地退化、建设占用导致草地减少,生态涵养功能降低,进一步加剧水土流失。

2. 土地污染、耕地质量下降

全国有 330 万公顷耕地受到中、重度污染;年化肥使用量 5800 万吨,农药使用量 18 万吨,农用膜使用量 220 万吨;每年因重金属污染减产粮食 1000 多万吨,受重金属污染粮食 1200 万吨,直接经济损失超过 200 亿元。

3. 水资源紧缺,水污染严重

地下水过度开采使华北平原成为世界上最大漏斗区;黄土高原干旱、半干旱地区缺水少雨,土地干裂、板结;用污染水灌溉农田导致土地污染最终使土地更加贫瘠。

4. 自然环境生物多样性减少

村民用潜水泵从河流、池塘、沟渠乱取水或无节制取水,枯水季竭泽而渔,捕鱼捉虾,使水系的水生动植物多样性急剧减少。

(二)农业生态环境可持续发展途径

农业生态环境可持续发展途径主要体现在以下几个方面:

1. 开发利用和保护农业资源

要按照农业环境的特点和自然规律办事,宜农则农,宜林则林,宜牧则牧,宜渔则渔,因地制宜,多种经营。切实保护好我国的土地资源,建立基本农田保护区,严禁乱占耕地。加强渔业水域环境的管理,保护我国的渔业资源。建立不同类型的农业保护区,保护名、特、优、新农产品和珍稀濒危农业生物物种资源。

2. 防治农业环境污染

防治农业环境污染指预防和治理工业(含乡镇工业)废水、废气、废渣、粉尘、城镇垃圾和农药、化肥、农膜、植物生长激素等农用化学物质对农业环境的污染和危害;保障农业环境质量,保护和改善农业环境,促进农业和农村经济发展。防治农业污染也是农业现代化建设中的一项任务。

3. 防治工业污染

首先,要严格防止新污染的发展。对属于布局不合理,资源、能源浪费大的,对环境污染严重,又无有效的治理措施的项目,应坚决停止建设;新建、扩建、改建项目和技术开发项目(包括小型建设项目),必须严格执行"三同时"的规定;新安排的大、中型建设项目,必须严格执行环境影响评价制度;所有新建、改建、扩建或转产的乡镇、街道企业,都必须填写《环境影响报告表》,严格执行"三同时"的规定;凡列入国家计划的建设项目,环境保护设施的投资、设备、材料和施工力量必须给予保证,不准留缺口,不得挤掉;坚决杜绝污染转嫁。

进一步,要抓紧解决突出的污染问题。当前要重点解决一些位于生活居住区、水源保护区、基本农田保护区的工厂企业污染问题。一些生产上工艺落后、污染危害大,又不好治理的工厂企业,要根据实际情况有计划地关停并转。要采取既节约能源,又保护环境的技术政策,减轻城市、乡镇大气污染。按照"谁污染,谁治理"的原则,切实负起治理污染的责任,要利用经济杠杆,促进企业治理污染。

4.积极防治农用化学物质对农业环境的污染

随着农业生产的发展,我国化肥、农药、农用地膜的使用量将会不断增加。必须积极防治农用化学物质对农业环境的污染。鼓励多施有机肥、合理施用化肥,在施用化肥时要求农民严格按照标准科学合理地施用,严格按照安全使用农药的规程科学合理施用农药,严禁生产、使用高毒、高残留农药。鼓励回收农用地膜,组织力量研制新型农用地膜,防治农用地膜的污染。

5.大力开展农业生态工程建设

保护农业生态环境。积极示范和推广生态农业,加强植树造林、封山育林、育草生态工程,防治水土流失工程和农村能源工程的建设。通过综合治理,保护和改善农业生态环境。

6.生物多样性保护

加强保护区的建设,防止物种退化。有步骤、有目标地建设和完善物种保护区工作,加速进行生物物种资源的调查和摸清濒危实情。在此基础上,通过运用先进技术,建立系统档案等,划分濒危的等级和程度,依此采取不同的保护措施。科学地利用物种,禁止猎杀买卖珍稀物种,有计划、有允许地进行采用,不断繁殖,扩大种群数量和基因库,发掘野生物种,培育抗逆性强的动植物新品种。

第四章　乡村基础设施的建设

第一节　我国乡村基础设施建设现状及问题

一、我国乡村基础设施建设现状

乡村基础设施可以按照服务的性质划分,分为生活性基础设施、生产性基础设施、流通性基础设施和人文性基础设施四大类。生活性基础设施是为乡村居民生活提供基本服务的设施,主要包括人畜饮水设施、垃圾处理厂、污水处理设施、供热燃气设施、乡村电网等。生产性基础设施是为乡村增加物质资本、提高生产力服务的设施,主要包括农业机械设备、防洪涝设备、气象设施、水利灌溉、田间道路等服务农业生产的设备或设施。流通性基础设施主要包括乡村通信、乡村道路、用于乡村生产资料购买以及农产品销售流通辅助设施。人文性基础设施是用于丰富村民生活、增强村民素质的公益设施,比如文化教育、娱乐、医疗等设施。

二、我国乡村基础设施建设存在的主要问题

(一)乡村道路建设质量较差

贫困乡村地区道路通畅的任务艰巨,大多数处于山大沟深困难地区的村庄,道路投资难度大、建设难度大,全国剩余不通硬化道路的乡镇、建制村仍然存在,与此同时,刚刚脱离贫困或经济发展欠发达的地区,道

路网化任务也十分艰巨。不仅如此，乡村道路的建设还面临着道路养护和道路管理的问题。早期的公路建成标准较低，缺桥少涵，抗灾能力较差，安全设施不完备，道路养护投入不足，部分道路出现了"油返砂"现象。如若道路修缮按十年一个周期估算，多数乡村道路需要进行大型或中型的维护或重建。

（二）乡村电网设备差且用电成本高

这是乡村电网最严重的问题。乡村的电力设备落后陈旧，大多数变压器已严重老化，不仅能耗高而且性能差；大多数导线截面偏小；电表箱、接户线绝缘性能差、受锈蚀严重；部分电线杆破损严重，十分危险。遇到打雷刮风下雨的天气气候，乡村常发生断电的情况，这不仅会导致不正常供电，而且容易引发安全事故。不仅如此，乡村电压偏低，电网电能质量差等问题尤为严重。由于乡村前期电网规划不到位，加之乡村用电时间集中、季节性强，配电变压器没有布置在负荷中心，供电半径超出范围、迂回线较多等多种因素，导致乡村常出现电压偏低的状况。乡村用电还存在平均电价高于城镇的情况，使得村民用电成本过高，导致较多弃电现象的发生。

（三）乡村供水情况仍需改善

截至2021年3月，我国已在现行标准下全面解决了贫困乡村饮水安全问题，乡村自来水普及率已超八成。尽管人畜饮水环境得到了极大的改善，但乡村集中式供水受益人口比例仍需增加，乡村生活饮用水的水质合格率仍然需提高，中西部经济不发达地区的乡村自来水供应情况仍需持续关注。乡村供水还存在氟超标水、苦咸水的严重问题，对于部分生活用水还是依赖于肩挑背扛的地区、交通不便的偏远地区、落后的村庄、靠近城市的农村、老人村、皖南地区等，仍存在供水工程成本较高、水价和成本倒挂等突出矛盾。

（四）乡村互联网建设与城镇差距较大

据第47次《中国互联网络发展状况统计报告》显示，截至2020年12

月,我国已经建成全球最大规模的 4G 网络和光纤网络,网民人数达 9.89 亿,互联网的普及率达到 70.4%。在乡村,网民人数达 3.09 亿,农村地区互联网普及率达到 55.9%,城乡差距仍然较大。尽管贫困地区光纤比例已经达到 98%,通信"最后一公里"被打通,但在网络覆盖、网络扶智、农村电商等方面仍与城镇差距较大,乡村互联网相关设施建设情况仍然相对较差。

(五)乡村流通设施建设滞后

目前乡村流通设施建设相对滞后,村庄缺少相应数量的标准化超市,批发市场和农贸市场缺少专业的储存场所,销售场所简陋的情况也不鲜见。相关调查表明,目前只有大概 41.7% 的农产品批发市场建有冷库,11.1% 的配备了冷藏车,12.9% 的有陈列冷柜。由此导致大概 70% 的肉、80% 的水产品以及大部门牛奶及豆制品无法进入冷链系统。

第二节 乡村基础设施的建设及政策建议

一、乡村基础设施的建设

1. 实施农村道路畅通工程

"要想富,先修路",在脱贫攻坚战略实施中,村村通成为精准扶贫的重要手段,工程实施了很多年,取得了很大的成就,基本上解决一些贫困地区的村民出行问题。但总体上说,这种道路等级还比较低,很多达不到乡村振兴的标准。因此,乡村振兴,要使大部分乡村有序实施较大人口规模自然村(组)通硬化路。同时要根据产业发展的需要,分类实施,加强农村资源路、产业路、旅游路和村内主干道建设,保障汽车、拖拉机以及大型机械的畅通,甚至要推进农村公路建设项目更多地向进村入户倾斜。要多方面筹集资金,一方面通过中央车购税补助地方资金、成品油税费改革转移支付、地方政府债券等渠道,加大对乡村高等级道路的投入;另一方面要通过社会力量,筹集社会资金,比如PPP项目等,支持农村道路发展。此外,为了保障乡村道路的养护和管理,落实管养主体责任,要开展"四好农村路"示范创建,全面实施路长制。要按照城市道路的管理标准,开展城乡交通一体化示范创建工作,对农村道路桥梁安全隐患定期进行排查,强化农村道路交通安全监管,避免乡村道路只建疏管的倾向。

2. 实施农村供水保障工程

水不仅是农业的命脉,而且是村民健康、提升村民生活质量的保障。因此,加强乡村水利基础设施建设,是乡村振兴的重要一环。一方面要加强中小型水库等稳定水源工程建设和水源保护,实现旱涝保收,防止水旱灾害对农业的冲击;另一方面实施规模化供水工程建设和小型工程标准化改造,有条件的地区有序推进城乡供水一体化,到2025年农村自来水普及率达到88%,保障村民能够喝到干净的饮用水;同时还要完善农村水价水费形成机制和工程长效运营机制,保障农民用得上水、用得好水、用得起水。

3. 实施乡村生态环境优化设施建设

一要兴建乡村垃圾清洁化、资源化处理设施。改变乡村垃圾处理方式,投入资金实施垃圾集中收集、处理,建设无害化、资源化垃圾处理设施,让乡村变得更干净。二要继续推进实施厕所革命,通过各种方式投入,在农村普及冲水式厕所,加大对粪尿污物的资源化、清洁化处理。厕所是观察乡村振兴的一面透视镜,习近平总书记就曾多次对"厕所革命"作出指示。表面上只是干净厕所的投入,实质上是村民思想观念上的一场革命,带动村民传统生活方式的改变,起着事半功倍的成效。三要实施绿化美化工程。一方面,鼓励村民房前屋后种花种草种树,绿化美化环境,陶冶村民的情操;另一方面也加大对村民的文明教育,通过村规民约,约束村民不要随地吐痰、随地乱扔垃圾,改变村民的一些陋习。

4.实施乡村清洁能源建设工程

乡村振兴要使农村亮起来,因此要加大农村电网建设力度,全面巩固提升农村电力保障水平,保障农村生产用电和生活用电不停电、不断电;大力推进燃气下乡,支持建设安全可靠的乡村储气罐站和微管网供气系统,保障村民用到干净的燃气;大力发展农村生物质能源,实施秸秆资源化利用。

5.加强乡村公共服务、社会治理等数字化智能化设施建设

推动信息通信基础设施建设,实施数字乡村建设发展工程。实施村级综合服务设施提升工程,方便群众办事,让广大农民最多跑一次、最多跑一地,少走或不走路就能办成事;加强乡村社会治理基础设施建设,将各种矛盾纠纷调处、解决在萌芽状态,避免出现恶性案件,提升老百姓的安全感;在乡村兴建生产性的公共服务设施,诸如科普站、种子服务站、农药化肥服务站等,及时帮助农民解决生产中出现的问题;加强村级客运站点、文化体育、公共照明等服务设施建设,在人口集中的乡村兴建图书馆、文化馆、体育馆、展览馆等,为村民提供丰富多彩的文化生活。

二、乡村基础设施建设的政策建议

1.进行政绩考核

把村镇规划编制工作列入到县(市)政府政绩考核,年底由行署负责组织监察,建设等部门进行检查考核,对不能完成规划工作任务的县(市)政府和主要责任人给予相应的处理。地区拿出一定的资金,以"以奖代补"的形式,对村镇规划机构设置、村镇规划编制工作完成情况较好的县(市)、乡(镇)给予一定的物质奖励。

2.扩大筹融资渠道

制订优惠政策,采取各项措施积极推进农村公益性基础设施项目市

场化融资,采取股份制、投资基金、经营权转让以及财政贴息、承诺等方式,对外招商引资,鼓励、引导社会资金投向大型基础设施、环保等社会性公益项目,以开辟多元化融资渠道。要加强已有的资金管理,加强各有关专业建设规划的相互衔接,防止资源浪费,重复建设。

第三节　基础设施的完善

一、乡村公共基础设施及其配置

乡村公共基础设施是指为乡村生产、生活服务的各种物质和技术条件的总和,是乡村最重要的公共物品,可分为生产型基础设施、生活型基础设施和生态型基础设施三大类,具体包括道路交通、农田水利、供水供电、供热供暖、能源、雨污水处理、环境卫生、邮政物流、电信等生产和生活服务设施。乡村公共基础设施是完善和满足乡村居民基本生活需求的重要方面,是建设美丽乡居乡景的重要组成部分,是实现乡村振兴的重要抓手。

目前,乡村公共基础设施普遍存在配套性、共享性和管理维护较差,滞后性较严重,是推进乡村振兴,实现乡村宜居亟待解决的重要问题。城市与农村公共和基础设施配套供给不均衡也是很多村民背井离乡去城市生活的重要原因。只有加强农村配套设施建设,提高农村教育、卫生、社保等公共服务水平,不断改善农村的生活条件,才能够吸引乡村居民回乡创业、居住和生活,从而把乡村建设得更好。

因此,乡村公共基础设施的配置应从乡村人居环境改善、农民满意度提高的角度出发,根据本村实际情况,科学合理构建乡村公共基础设施建设指标体系,结合乡村整体空间布局,充分利用当地资源和生态环境条件,按照公平共享、低投入高效用、生态环保的基本原则进行科学配置、建设和管理。

二、道路交通规划

乡村路网是打造美丽乡村的重要骨架,是美丽乡村建设的重要基础设施之一。通过规划,完善乡村道路系统,打造乡村道路景观,对于美丽乡村的景观建设、宜居环境改善等均有十分重要的意义。

1.乡村道路规划原则

道路选线应顺应地形,利用原有乡村道路和田间道路,避让地质灾害隐患点等不良工程地质条件,按交通需求合理确定道路宽度。结合邻里交往和休闲健身需求,合理布置村庄步行道。主要道路路面一般采用水泥混凝土材料(部分有条件的美丽乡村可采用沥青混凝土材料),步行道路路面采用石板、碎石、鹅卵石等乡村材料。

2.乡村道路系统规划

乡村道路应以现有道路为基础,顺应现有村庄格局,保留原始形态走向,道路结构、形态、宽度等自然合理。打通断头路,增强对外交通联系,同时,完善村庄内部道路系统,合理布局村内外道路网,主次分明,打造便捷的交通路网。

(1)村庄主干路

一般与村庄出入口直接相连,承接村庄主要通行和对外联系功能。主干路宽度至少为双车道,以满足机动车、城乡公交的通行需求,宽度不宜小于4米。

(2)村庄次干路

次干路连接村庄主路,辅助主路串联整个村庄,规划宽度不宜小于2.5米。

（3）宅间路

规划宽度不宜小于2.5米。

（4）通村路

除国道、省道、县道、乡道等公路外，串联各村的主要道路，根据交通量合理规划通村道路宽度，规划宽度不宜小于3米，宽度为单车道时，应设立错车道。

（5）田间路

田间路主要满足农业耕作需要，具体宽度根据地方农业生产需求而定。

3.乡村道路竖向规划

乡村道路标高宜低于两侧建筑场地标高。路基路面排水应充分利用地形和天然水系及现有的农田水利排灌系统。平原地区乡村道路宜依靠路侧边沟排水，山区乡村道路可利用道路纵坡自然排水。各种排水设施的尺寸和形式应根据实际情况选择确定。

村庄道路纵坡度应控制在0.3%～3.5%，山区特殊路段纵坡度大于3.5%时，宜采取相应的防滑措施。村庄与村庄相连道路纵坡应控制在0.3%～6%，山区道路不应超过8%。

乡村道路横坡宜采用双面坡形式，宽度小于3m的窄路面可以采用单面坡。坡度应控制在1%～3%，纵坡度大时取低值，纵坡度小时取高值；干旱地区乡村取低值，多雨地区乡村取高值；严寒积雪地区乡村取低值。

4.乡村道路安全设施

在乡村道路规划中，应结合路面情况完善各类交通设施，包括交通标志、交通标线及安全防护设施等。

公路穿越村庄时，入口处应设置标志，道路两侧应设置宅路分离、挡墙、护栏等防护设施；当公路临近并且未穿越乡村时，可在乡村入口处设置限载、限高标志和限高设施，限制大型机动车通行。

农村道路路侧有临水临崖、高边坡、高挡墙等路段,应加设波形护栏或钢筋混凝土护栏等;急弯、陡坡及事故多发路段,加设警告、视线诱导标志和路面标线;视距不良的回头弯、急弯等危险路段,加设凸面反光镜;在长下坡危险路段和支路口,加设减速设施;在学校、医院等人群集散地路段,加设警告、禁令标志以及减速设施;对路基宽 3.5 米的受限路段,重点强化安保设施设置。

农村道路与公路相交时,应在公路设置减速让行、停车让行等交通标志。建筑限界内严禁堆放杂物、垃圾,并应拆除各类违章建筑。可在乡村主要道路上设置交通照明设施,为机动车、非机动车及行人出行提供便利。

三、给水工程规划

1. 农村给水系统组成

农村给水系统的组成通常来说要比城市给水系统简单很多,它通常由三个部分组成,即取水、净水、输配水。给水工程的组成不是固定不变的,不同地区在进行设计时也应以降低成本、节约资源为原则,结合当地的实际情况进行组合和改进。

(1)取水工程

取水工程是指将需要用的水量从水源处摄取,通常由取水构筑物和取水泵房构成。

(2)净水工程

将从水源取来的水经过一些消毒和净化处理,使水质符合使用规定。通常由净化构筑物及消毒设备构成。

(3)输配水工程

将净化处理后的水按照规定的压力,通过管道系统输送到不同需求地,通常由清水房、输配水管道和调节构筑物构成。

2.给水工程规划内容

小城镇集中式给水工程规划的内容主要体现在以下几个方面：

(1)对规划地区农村的用水量进行预测。

(2)分析水资源与用水量供需是否平衡。

(3)应根据实际情况制定水资源保护要求及措施。

(4)水厂的位置、用地要结合实际情况确定,提出相关的给水系统布局框架。

(5)结合当地的实际情况设置给水管网和输水管道。

(6)要注意农业用水量的规划,如庄稼的灌溉、牲畜的用水、水产养殖等。

3.给水工程规划范围

小城镇给水工程规划范围与小城镇总体规划范围一致,如遇到水源地在所规划区的范围外时,水源地和输水管线要注意加入规划区给水工程规划范围内。

四、排水工程规划

1.排水工程规划内容

以小城镇为例,其排水工程规划内容主要有确定小城镇排水范围,预测小城镇排水量,确定排水体制、排放标准、排水系统布置、污水处理方式和综合利用途径。

2.排水工程规划范围

小城镇排水工程规划范围应与小城镇总体规划范围一致;当小城镇污水处理厂或污水排出口设在小城镇规划区范围以外时,应将污水处理厂或污水排出口及其连接的排水管渠纳入小城镇排水工程规划范围。

3.农田灌溉工程规划

灌溉工程规划需要注意以下几个方面:

首先,根据现状调研和分析,确定规划区域的灌溉方式,一般分为渠系灌溉、井灌和河灌等,尽量选用可靠性大且有一定基础的灌溉方式,可以几种灌溉方式结合使用。

然后,进行水资源供需平衡分析,一般根据各省的行业用水定额结合规划区域的种植情况,统计出水资源需求总量,遵循优先利用地表水的原则,计算可供水量是否满足水资源需求总量,若不满足则必须有相应的措施来解决,一般采用修建蓄水设施或新建输水工程等措施。

4. 布置灌溉渠或管道规划原则

(1)布置主要灌溉渠管道的决定性因素是地形条件。必须仔细研究规划区域的地形情况,尽量避免不必要的提升,主要以自流为主。

(2)布置渠管时,应力求工程量与输水损失最小,同时还要满足渠道稳定与施工管理运行方便的要求。

(3)灌溉渠系的布置必须注意与地区的土地利用结合起来。

(4)在规划布置渠系的同时,必须考虑地区排水和泄水的问题。

五、燃气工程规划

1. 燃气负荷预测

首先,通过燃气工程现状研究,结合乡村发展目标确定供气类型和对象,研究并确定供气标准。然后,根据燃气发展态势分析并结合该地区人均指标,进行乡村近、远期的燃气负荷预测。一般乡村燃气供应以天然气、液化石油气和煤气为主,其中,天然气供应是当下美丽乡村燃气供应的主流。

2. 燃气气源规划

在进行燃气气源规划前,必须进行乡村现状气源与燃气网络研究(只针对有现状供气的农村),并结合研究成果,依据乡村燃气系统规划目标、区域燃气发展规划和美丽乡村规划布局,进行乡村液化石油气气化站和天然气加压站等燃气气源设施的规划布局。

乡村天然气加压站等设施可能涉及区域燃气发展布局,因此,这些设施的规模、布局确定之后,应及时反馈给区域燃气主管部门,以便完善、修正区域燃气发展规划。同时,考虑乡村燃气气源设施自身安全要求、对周围地域安全的影响及其合理的服务范围等因素。在初步确定这些设施的布局后,应及时反馈给美丽乡村规划单位。

3.燃气网络与储配设施规划

根据乡村燃气气源、美丽乡村规划布局以及乡村现状气源与供气网络状况,进行乡村燃气网络与储配设施的规划,一般燃气管线均为沿现有或者新建的道路地下敷设,并与相近的其他管道和建筑物留有一定的间距,具体设计应符合《城镇燃气设计规范》(GB50028-2006)中的相关规定。

六、电力工程规划

1.电力工程规划的内容

乡村电力工程规划,必须根据每个乡村的特点和对乡村总体规划深度的要求来编制。电力工程规划一般由说明书和图纸组成,它的内容有分期负荷预测和电力平衡,包括对用电负荷的调查分析,分期预测乡村电力负荷及电量,确定乡村电源容量及供电量;乡村电源的选择;发电厂、变电所、配电所的位置、容量及数量的确定;电压等级的确定;电力负荷分布图的绘制;供电电源、变电所、配电所及高压线路的乡村电网平面图。

2.电力网的敷设

电力网的敷设,按结构分有架空线路和地下电缆两类。不论采用哪类线路,敷设时应注意:线路走向力求短捷,并应兼顾运输便利;保证居民及建筑物安全和确保线路安全,应避开不良地形、地质和易受损坏的地区;通过林区或需要重点维护的地区和单位时,要按有关规定与有关部门协商处理;在布置线路时,应不分割乡村建设用地和尽量少占耕地不占良田,注意与其他管线之间的关系。

3.变电所的选址

变电所的选址,决定着投资数量、效果、节约能源的作用和以后的发展空间,并且应考虑变压器运行中的电能损失,还要考虑工作人员的运行操作、养护维修方便等。所以,变电所选址应符合以下要求:

(1)便于各级电压线路的引入或引出。

(2)变电所用地尽量不占耕地或少占耕地,并要选择地质、地理条件适宜,不易发生塌陷、泥石流等的场所。

(3)交通运输方便,便于装运变压器等笨重设备。

(4)尽量避开易受污染、灰土或灰渣较多、爆破作业附近等危害的场所。

(5)要满足自然通风的要求。

七、电信工程规划

美丽乡村建设与城镇建设不同,通信工程建设一般只以电信需求为主,所以,美丽乡村通信工程规划实为电信工程规划。

1.电信需求量预测

首先进行乡村电信现状及发展态势研究,然后根据乡村发展目标和乡村规模,并结合该地区人均指标,预测乡村近远期规划的电信需求量。

2.电信设施与网络规划

在调查研究电信设施与网络现状的基础上,根据电信工程规划目标、美丽乡村规划布局,进行电信设施与电信网络规划。电信线路远期应该结合电力管线一起下地,近期可以根据乡村自身经济条件做出部分调整。

八、环卫工程规划

生活居住是乡村的基本功能之一,居住区是美丽乡村的重要组成部分,居住区的空间环境和总体形象不仅对居民的日常生活、心理和生理健康产生直接的影响,还在很大程度上反映了乡村的基本面貌。

对居住区环境的规划,不仅要满足住户的基本生活需求,还要着力创造优美的空间环境,为村民提供日常交往、休息、散步、健身等户外活动的生存需求、生理需求、安全需求、美的需求。对美丽乡村居住区环境进行优化,就是要充分重视居住区户外环境的优化,对宅旁绿地、小游园等开敞空间,儿童、青少年和老年人的活动场地,道路组织、路面和场地铺装、建筑等进行精心组织,为村民创造高质量的生活居住空间环境和生态环境。

1. 大气环境控制

大气是人类生存不可缺少的基本物质。乡村大气污染的污染源主要有工业污染、生活污染、交通运输污染三大类。控制大气污染,提高空气质量的主要措施是改变燃料结构,装置降尘和消烟环保设施以减少污染,采用太阳能、沼气、天然气等洁净能源,增加绿地面积,强化监管措施,严格执行国家有关环境保护的相关规定。

2. 水环境控制

水是人类赖以生存的基本物质保证。水环境控制规划包括水资源综合利用和保护规划与水污染综合治理规划两方面内容。

依据乡村耗水量预测,分析水资源供需平衡情况,制定水资源综合开发利用与保护计划;对地下水水源在全面摸清储量的基础上,实现计划开采。对不同水源保护区,应加强管理,防止污染;对滨海乡村,应根据岸线自然生态特点,制定岸线与水域保护规划,严格控制陆源污染物的排放;制定水资源的合理分配方案和节约用水、回水利用的对策与措施;完善乡村给水与排水系统;在缺水地区探索雨水利用的新途径与新方法。

乡村水污染综合整治规划主要包括以下内容:根据乡村发展计划,预测污水排放量;正确确定排水系统与污水处理方案,推广水循环利用技术,减少污水处理量;减少水土流失与污染源的产生;加强工业废水与生活污水等污染源的排放管制。

3.固体废弃物的控制与处理

固体废弃物包括居住区的生活垃圾、建筑垃圾、工厂的废弃物、农作物秸秆及商业垃圾等,是乡村主要的污染源。固体废弃物的控制首先要从源头上尽可能减少固体废弃物的产生。这就要积极发展绿色产业,提倡绿色消费,提高村民的环境保护意识,严格控制"白色污染",发展可降解的商品;提高全民的文明程度,养成良好的卫生习惯,自觉维护环境的清洁;提高固体废弃物回收与综合利用,变废为宝,实现固体废弃物的资源化、商品化。

在乡村中,应结合街道的规划布局,设置垃圾箱,一方面可为村民提供方便的清理垃圾的工具,另一方面通过巧妙设计也能使其成为街道一景。

4.修建公共厕所

在美丽乡村建设中,一方面应把沿街道上的私家厕所搬迁入户,另外,还要结合分布情况和环境要求修建公共厕所。在用水方便的地区可以采用水冲式,用水紧张的地区用旱厕。在规划时,有旅游资源的乡村公厕间距应在300米左右;一般街道的公厕间距为1000米以下;居住区公厕间距在300~500米之间。

九、乡村防洪规划

靠近江、河、湖泊的乡村和城镇,生产和生活常受水位上涨、洪水暴发的威胁和影响,因此,在规划设计美丽乡村和居民点选址时,应把乡村防洪作为一项规划内容。乡村防洪工程规划主要有如下内容:

1.修筑防洪堤岸

根据拟定的防洪标准,应在常年洪水位以下的乡村用地范围的外围修筑防洪堤。防洪堤的标准断面,视乡村的具体情况而定。土堤占地较多,混凝土堤占地少,但工程费用较高。堤岸在迎河一面应加石块铺砌防浪护堤,背面可植草保护。在堤顶上加修防特大洪水的小堤。在通向江河的支流或沿支流修筑防洪堤或设防洪闸门,在汛期时用水泵排除堤内侧积水,排涝泵进水口应在堤内侧最低处。

由于洪水与内涝往往同时出现,所以,在筑堤的同时,还要解决排涝问题。支流也要建防洪设施。排水系统的出口如低于洪水水位时,应设防倒灌闸门,同时,也要设排水泵站;也可以利用一些低洼地、池塘蓄水,降低内涝水位以减少用水泵的排水量。

2.整治湖塘洼地

乡村中的湖塘洼地对洪水的调节作用非常重要,所以,应结合乡村总体规划,对一些湖塘洼地加以保留和利用。有些零星的湖塘洼地,可以结合排水规划加以连通,如能与河道连通,则蓄水的作用将更为加强。

3.加固河岸

有的乡村用地高出常年洪水水位,一般不修筑防洪大堤,但应对河岸整治加固,防止被冲刷崩塌,以致影响沿河的乡村用地及建筑。河岸可以做成垂直、一级斜坡、二级斜坡,根据工程量大小作比较方案。

4.修建截洪沟和蓄洪水库

如果乡村用地靠近山坡,那么为了避免山洪泄入村中,增加乡村排水的负担,或淹没乡村中的局部地区,可以在乡村用地较高的一侧,顺应地势修建截洪沟,将上游的洪水引入其他河流,或在乡村用地下游方向排入乡村邻近的江河中。

5.综合解决乡村防洪

应当与所在地区的河流的流域规划结合起来,与乡村用地的农田水利规划结合起来,统一解决。农田排水沟渠可以分散排放降水,从而减少洪水对乡村的威胁。大面积造林既有利于自然环境的保护,也能起到水土保持作用。防洪规划也应与航道规划相结合。

第五章　乡居乡景的营造

第一节　基本概念与原理

一、生态宜居乡村

乡村是以自然风光为主要特征、农业生产为主要经济基础、人口较分散的地方。生态宜居乡村是美丽乡村建设的核心内容之一。生态宜居乡村就是以绿色生态空间为基础,通过统筹整合山、水、林、田、园等自然要素,科学规划布局人类生产生活空间、完善基础服务设施而形成的具有便捷、舒适、整洁的乡居空间和绿色生态、环境优美、乡土特色突出的人居环境。

厘清"生态"与"宜居"的关系能够帮助我们更好地理解生态宜居。"生态"反映自然生态与人文生态共生共融的高度耦合关系,"宜居"是人类生存的本性诉求与愉悦居住的有机统一。"生态"是达到生态宜居状态的必要条件,但却不是充分条件。"宜居"以"生态"为基础,保障乡村可持续发展和居住人群的身心健康。在此基础上,还需具备能够为农村居住人群的正常生活提供便利和保障的各项基础设施,如果农村基础设施建设和维护落后,难以满足农民的日常生活所需、支撑农业农村现代化建设,就不能很好回应农民的生存诉求,也就不能达到"宜居"状态。因此,"宜居"必然要求"生态"支撑,但"生态"的良性发展却并不一定能够使乡村达到"宜居"状态。

从"生态"和"宜居"的关系不难看出,生态宜居是乡村生态与乡村宜居的有机统一。乡村生态更注重从农村生态环境的角度促进人与自然和谐相处,农民的生产生活能够与自然生态形成良性的有机循环体系。乡村宜居则是从保障农民正常生活的角度出发,打造美好的居住环境,包括农村污水、垃圾、厕所、道路、路灯等村内生活类基础设施建设和运行维护,以及农村居民文体娱乐支撑和医疗保障等多方面供给。因此,生态宜居包含乡村生态与乡村宜居两重状态,二者缺一不可。

建设生态宜居乡村应注重绿化建设、基础设施建设、村级规划建设等综合性建设项目,重点侧重于乡村的生态建设与规划。通常以农村的自然环境、农民的生活条件、农村的精神文化建设来反映生态宜居的理想程度。

(一)生态宜居的核心要素

生态宜居的核心要素包括乡村自然生态环境、生活类基础设施建设和运行维护、乡村特色文化传承。

自然生态环境,生态宜居第一个衡量指标就是自然生态环境的优美度,而与农民生产生活紧密相关的种植业、园艺业、林业、水面、山地等农业资源本身就是自然生态环境的重要组成部分。因此,自然生态环境优美是生态宜居的核心要素。自然生态环境可以用山林湖田草以及后期绿化的覆盖面积占比等指标衡量。

生活类基础设施建设与运行维护,生活类基础设施包括农村的污水处理设施、垃圾处理设施、公共厕所、采暖设施、文体娱乐、医疗保健、养老服务等与农村居民生活质量息息相关的设施。生活类基础设施的建设和运行维护水平直接决定了乡村的宜居程度。目前,农村生活类基础设施建设投融资仍然较为困难,设施运维管理缺乏长效管理机制。如何补齐农村生活类基础设施建设的短板,并形成长效运维管理机制,对生态宜居建设至关重要。

乡村特色文化传承,我国乡村历经数千年发展,各地区形成差异化明显的乡村习俗,培育了各具特色的农耕文化,浓郁的乡土文化孕育了一代又一代人。生态宜居建设绝不是要阻断农耕文化的传承,相反,文化传承是建设生态宜居乡村的重要内容之一,助推优秀的传统乡村文化世代传承。

（二）乡村特色景观构成要素

在建设美丽乡村过程中,充分运用乡村特色景观要素,有利于打造出更能与乡村完美结合的特色景观。通过将乡村要素进行详细的分类,可在打造特色景观时方便提取相关要素,使乡村特色景观呈现的效果更加符合当地居民的审美。

一是自然乡村要素,普遍指尚未被人类涉及,且不用特殊加工便可利用的天然设计要素。如河流、池塘、近郊山林、木林等等。

二是人工乡村要素,是指乡村居民用来生产与生活的人工产物,如民房、房屋前后控制地、农用道路、小木屋、水车水井等。

三是人文乡村要素,也可将其看成是精神文化,如乡村祠堂、石碑、地方习俗、民族服饰等。

四是农业乡村要素,是指在乡村居民从事农业劳动时所形成的农业产物,如耕地、篱笆、农田等。

（三）营造宜居乡村、美丽乡景

在国家乡村振兴战略的引领下,乡村的发展和建设将走向一个新的阶段。乡村与城市的资源基底、文化积淀、空间构成、人居需求等均不同,不能一味照搬城市规划设计的理论和理念,那么,如何营造一个适宜现代人居住、满足现代人需求的乡村生活空间,如何恢复乡村自然独特的自然风光,打造美丽且具有浓郁乡村特色的景观空间,成为徘徊在我们心头的重要核心问题。

营造"宜居乡村、美丽乡景"需从乡村的一砖一瓦、一草一木开始着手,在充分调研的基础上,尊重现有的自然条件与地理环境,遵循"生态优先、保护传承、因地制宜、乡土特色、天人合一"的原则和理念,对乡村的建筑、景观、绿化、基础设施等方面进行科学规划、合理布局、特色设计、规范施工,让居民望得见山、看得见水、记得住乡愁;坚决避免千村一面、过度城市化、过度园林化、过度硬质化,确保乡村自然风貌的保护,确保乡村人文特色的传承,延续乡村历史文脉。

二、乡村空间的规划策略

乡村空间是乡村人居环境的主要组成部分,与乡村人居生活密切相关,不同乡村空间往往会形成浓郁的乡土特色。乡村空间的合理规划布局是实现乡村振兴的重要环节。乡村空间的规划布局应着重考虑以下几个方面:

(一)整体空间布局

在整体空间布局上,尊重原有聚落空间肌理,根据乡村所处地域的自然山水空间格局,通过"显山露水"的规划设计策略,以自然生态为基调,以古村宅院建筑、新农村现代建筑为主要载体,进行乡村整体空间布局,使乡村空间与自然山水空间和谐共生、生态永续,展现乡村特有的地形地貌、自然山水、田园风光等。

(二)乡土景观特色

从乡土景观特色上,充分利用乡村的山水林田等自然环境要素,打造山水田园景观效果,实现"看得见山,望得见水"的愿景,挖掘地域自然人文特色和传统历史文化,营造独特的景观空间序列,演绎乡村故事,展现乡村地域文化特色,实现"记得住乡愁"的愿景。

(三)村民行为需求

从村民行为需求上,充分考虑现代村民的生产生活方式和行为需求,科学规划布局建筑空间和其他公共空间,合理配置各项基础设施,营造洁净、优美的村容村貌,满足村民的各项生产生活和休闲娱乐的功能需求,实现真正的舒适、宜居。

三、乡村空间的营建策略

营建策略以改善村民的生活品质和居住环境为目标，是对地方经济、社会、文化和环境的有效回应。主要有以下几个方面：

（一）融合乡村产业发展与空间模式

乡村产业的发展能带动生产和生活条件的改善。

（二）延续地方文化与传统习俗

文化习俗的延续是对乡村居民生活价值观的尊重。

（三）适应乡村生活方式与现代居住功能

乡村居住空间的营建不仅要考虑乡村社会变迁，还要理解生产与生活相互渗透的现实特征。在适应乡村生活方式的基础上，满足现代人对居住空间的布局、功能、形态和环境改善的时代需求。

（四）尊重环境肌理与地方特征

乡村环境的形成是历经漫长时间改造和适应自然地理条件的结果，特定的环境使当地建筑的形态与特征呈现出一定规律。尊重乡村环境的肌理，并从中寻找村落与环境的关系，提炼符号与元素，是进行乡村居住空间营建的基础。利用具有地方形态特征的实用性元素，完成地方空间形态到建筑风貌的传承与创新。

（五）选择地方材料与适宜技术

就地取材既能展现地方特色又能更好地融入乡村环境，适宜技术的选择是对传统营建技艺的承传与发展，更是对经济性、社会性和艺术价值的平衡与把控。

（六）营造场所精神与归属感

乡村在本质上是一种生活世界，其主体是当地的村民。乡村居住空间作为村民日常生活与交往活动的场所，是村落发育、文化沉淀、历史沿革的外在体现，也是居住功能和精神意义的集合体。在村民与场所的互动交流中，居住空间给人以"集体记忆"，使村民产生了一种心理上的认同感和归属感。

第二节 乡村景观建设发展中的障碍与可行经验

长期以来,乡村一直在一些重要且迫切需要解决的困难下发展,乡村景观的重要性往往被忽视。因此,乡村景观建设的兴起与发展无疑是让人欣慰的。人类文明发展程度越高,自然因素的影响就会降低,社会因素的影响则增强。然而,在乡村建设的发展过程中,仍然存在一些障碍。

一、乡村景观建设发展中的障碍

(一)削减乡土文化的观念滞后

在乡村的发展进程中,为了提高乡村居民的生活水平和质量,人们往往更多关注乡村经济、设施等方面的发展,而忽视乡村景观的发展,简单地将乡村的发展等同于向城市的发展模式靠近。

不难发现,发展中的乡村大多效仿城市,把城市的一切看成现代文明的标志,使乡村呈现出城市景观。一些村庄在规划建设时,正在兴建村镇标志性建筑、广场等,一些在城市早已开始反思的做法却在乡村滋生、蔓延。殊不知,乡村居民在羡慕城市文明的同时,却往往忽视自身有价值的东西,造成传统乡土文化的消失。

乡村居民还缺乏规范的规划设计观念,自行拆旧建新。大量缺乏设计的平顶式,甚至没有外墙装饰的建筑屡见不鲜,造成乡村建筑布局与景观混乱的现象。把景观建设简单地理解为绿化种植。虽然一些地方有"见缝插绿,凡能绿化的地方都绿化"的意识,但不是通过规划设计,而是自作主张,完全任意行事。

这些观念认识上的偏差都将导致乡村景观的低层次和畸形发展。不可否认,在乡村景观规划的发展进程中,转变人们的思想观念迫在眉睫。

(二)忽视地方特色

中国 63.46% 的村庄已经编制乡村总体规划,但是总的来看,规划不尽如人意。乡村景观规划自然受人欢迎,但一些规划却没能与乡村的现状紧密联系。单一化的发展,使得新建村落平庸无味、千村一色。许多地区的文化景观都面临着压力,地方特色随着乡村的更新改造而逐渐褪色。打破在地域上、历史上形成的乡村景观,会破坏原有乡村景观的和谐,造成乡土特色的丧失。这不仅会限制乡村功能的发挥,还会对乡村景观的生态保护以及传统文化景观的保护产生影响。

简单地把村庄用地当成白纸,要求齐刷刷"画"出"理想"的新农村景象,他们认为"规划就是要推倒重来,就是要把农村建成城市小区那样,才能让村民都过上城里人那样的小康生活"。乡村景观缺乏规范、任务又繁重,再加上时间、经济条件的限制,所做出的规划难免显得粗糙,缺乏分析研究,必然影响对"景观"问题的考虑。修宽马路、建高洋房,似乎成为村镇建设的首选模式。提高人们的生活质量和生活水平,在某种程度上是一种社会进步,但是从乡村景观的可持续发展来看还是远远不够的。

乡村景观规划要突出乡土特色,这是因为乡村景观作为一种风土与文化传承的场所而存在。特别是在中国这样一个具有几千年农耕文明的国度里,乡村景观所附着的风土色彩和蕴含的文化氛围,是任何城市环境都无法代替的。

(三)缺乏环保力度

原有浓荫的大树不见了,河边、池边的自然植被被毫无生气的混凝土驳岸所取代,还出现大面积硬质铺装的广场,这一切不但使乡村失去田园景观特色,还造成生态环境的破坏,有些破坏甚至是不可逆转的。

从乡村景观规划的原则中不难看出,学者把乡村的生态环境作为一个重要因素。但由于片面追求乡村经济的增长,造成对乡村资源的不合理开发与利用,使乡村生态环境遭到不同程度的破坏。大树、河(溪)流、池塘与自然植被等是任何一个乡村地区所固有的特征。然而,乡村大规模的开发建设很少考虑乡村这些所固有的自然元素。

二、乡村景观建设发展中的可行经验

(一)加强乡村景观规划理论建设

乡村景观规划的兴起与发展推动国内乡村景观规划学科的产生,许多专家学者开始从不同的角度对这一领域的理论进行研究。中国乡村景观组成的复杂性为乡村景观规划的理论研究带来很大的难度。结合中国乡村景观的发展现状和特点,给不同类型乡村景观以准确的定位,探索中国乡村景观规划的理论与方法,为乡村景观的规划实践提供科学的理论依据和技术支持,有助于乡村景观的健康有序发展。

(二)完善并传播乡村景观制度

目前,中国实行村镇规划的一套规范和技术标准体系,涉及乡村景观层面的内容非常有限。乡村景观研究还处于起步阶段,规划建设中出现的问题实属正常现象,应进一步制定有关乡村景观规划的法规和政策,作为规划实践中执行的标准。乡村居民大多缺乏正确的景观观念,更不清楚乡村景观规划的相关政策法规。应加强对乡村居民景观价值的宣传和教育,使他们认识到乡村景观规划建设不仅仅是改善生活环境和保护生态环境,更重要的是社会、经济、生态和美学价值与他们自身息息相关。另外,针对乡村景观建设中出现的一些丑陋现象,如垃圾随处可见、乱搭乱建、村民自行拆旧房建新房等,应该加大管理力度。因此,乡村各级政府需要成立相应的景观监督与管理机构。对影响乡村景观风貌的违章行为和建设加以制止,而且对于建成的乡村景观进行必要的维护与管理,保持良好的乡村田园景观风貌。

(三)乡村景观规划要立足本土

不同地域都有其特殊的自然景观和地方文化,形成不同特色的乡村景观。社会的进步和经济的发展为乡土文化注入新的内涵,没有发展就没有现代文化的产生和传统文化的延续,乡村的更新与发展正好保证乡土文化的延续,同时为新的文化得以注入提供前提。在文化整合的同时,借助乡村景观规划与建设,强调和突出当地景观的特殊性,体现当地的文化内涵,提升乡村景观的吸引力。这不仅可以使乡村重新充满生机和活力,而且对于挖掘乡村景观的经济价值,促进乡村经济结构的转型,发展乡村多种经济是非常有益的。

按照规划先行的原则,统筹城乡发展。规划要尊重自然,尊重历史传统,根据经济、社会、文化、生态等方面的要求进行编制。规划的内容要体现因地制宜的原则,延续原有乡村特色,保护整体景观,体现景观生态、景观资源化和景观美学原则,突出重点,明确时序,适当超前。

(四)乡村景观规划跟踪

从地域范围来看,乡村景观泛指城市景观以外的具有人类聚居及其相关行为的景观空间。

从特征来看,乡村景观是人文景观与自然景观的复合体,具有深远性和宽广性。乡村景观包括以农业为主的生产景观和粗放的土地利用景观以及特有的田园文化特征和田园生活方式。

根据多学科的综合观点,从空间分布和时间演进的角度上,乡村景观是一种格局,是历史过程中不同文化时期人类对于自然环境干扰的记录,一方面反映现阶段人类对环境的干扰;另一方面其年代久远,也是人类景观中最具历史价值的遗产。

从构成要素来看,乡村景观是乡村聚落景观、经济景观、文化景观和自然环境景观构成的景观环境综合体。

因此,乡村景观建设是一个长期的过程,需要分层次、分类型、分阶段逐步实施,并在实施过程中警惕一些问题的产生。

第三节 乡村景观的设计形式

正是由于乡村景观的地域性,导致乡村景观有不同的设计形式,具体包含传统村落保护、山地自然景观、农田景观以及田园综合体。本节就对这四大层面展开探讨。

一、传统村落保护

要想实现乡村景观的可持续发展,就必须要保护传统村落的完整性与独特性。因此,传统村落的保护有着划时代的意义。下面就从几个层面来分析。

(一)传统村落保护的内容

传统村落是我国农耕文明的结晶,要想更好地保护传统村落,首先需要弄清楚传统村落保护的具体内容,即保护的价值是什么以及具体保护的对象。

1.传统村落保护的价值

(1)历史文化价值

传统村落大多是在明清时期建成的,是历史更迭的见证,也是对历史发展进行研究的重要载体。同时,传统村落的选址、布局、日常民俗文化还反映了各地独特的文化背景与地理环境,是对地方民俗文化进行研究的"活的载体"。

(2)科学价值

对于科学研究而言,传统村落保护的价值是多领域的,主要涉及建筑学领域、规划设计领域、人类学领域、历史文化领域等。传统村落的选址、布局都是基于人与自然和谐共处的理念,从当地的气候出发,按照适应生活、生产的原则来加以设计的,具有科学性与生态性,且对当今的住宅区布局、城市规划等有着重要的借鉴意义。

（3）艺术价值

我国地势高低起伏，地貌多变。古代人们建设村落多依山傍水，与地理环境紧密贴合，造就了自由随性、形态万千的村落形态，体现出"天地人和"的美。另外，传统村落中风格不一、形式多样的建筑，加上富有当地特色的色彩、配饰、质感等，具有较高的艺术价值，也展现出建筑艺术的魅力。

（4）社会价值

传统村落是广大农民社会资本的载体，他们生活的土地、家园、环境、人际关系等都是在村落中产生的。传统村落也是各地风俗习惯、方言、手工艺品等非物质文化遗产的载体，是中华儿女的精神聚居地，是连接民族血脉、传承民族文化的载体，因此具有较强的社会价值。

（5）旅游价值

传统村落所具备的上述四个价值也决定了其具有旅游价值。具体而言，传统村落具有旅游价值的原因在于其有着悠久的历史、自由随性的街道、优美的布局、独特的建筑风格、宜人的自然风光等旅游资源。这些资源具有独特性、古老性，与现代喧嚣的社会生活截然不同，因此会吸引人们去参观与学习。

2.传统村落保护的对象

传统村落保护的对象即特征元素。

（二）传统村落保护的具体做法

传统村落保护需要遵循一定的方法，具体而言既要做到整体保护，又要做到分区保护。

1.整体保护

传统村落是由村落环境、物质文化、非物质文化等多个元素组成的。其中，传统村落的骨架为街巷肌理，肌肉为历史要素，皮肤为自然环境，血液为民俗文化，灵魂为村民的生产生活。传统村落各个元素之间格局功能且联系紧密，任何元素发生改变都能导致整个结构以及相关元素的变化。而且,整体性保护不仅能够保证村落结构的完整,还有助于从大局层面对传统村落保护与旅游开发的关系进行正确处理,并且能够统筹各种村落保护的财力、物力,所以整体性保护是传统村落保护的一个重要方法。

2. 分区保护

在整体保护的基础上,传统村落保护还可以按照主次分明原则,并结合传统建筑的保存状态与分布情况,将传统村落保护划分为四区,并针对四区采用不同的保护方法。

(1)核心保护区

所谓核心保护区,是指历史风貌、传统风格保存较为完整,区域传统风貌建筑集中的地区。这一区域的村落最能够反映传统村落的历史文化内涵、空间形态,因此需要重点加以保护。区域内的传统建筑需要参照传统的工艺来修缮与维护,确保传统建筑风貌不会因此损坏。同时,传统街巷的肌理与尺度也需要多加注意,避免修缮与整治过程中出现问题。

(2)建设控制区

所谓建设控制区,是指位于核心保护区之外的已经建设的区域,其不具备传统的风貌,是传统村落的缓冲地区。这一区域的建筑需要对高度、体量、色彩等进行控制与限定,对与核心保护区风貌不协调的建筑来进行治理,其他建筑要保证原风貌不改变,区域内的插花空地可以适当新建,以满足人们的生活生产需要。

(3)新建引导区

所谓新建引导区,是指为了满足村民的居住与发展而需要重新建设的区域,其作用在于补充核心保护区与建设控制区无法进行的项目。这一区域的建设需要政府、专家从村落的风貌特征、历史文脉等出发,制定一套建设参考手册,对区域内建筑的院落结构、用地指标、建筑风貌等做出限定,对空间的尺度、区域内街巷、绿化树种等进行规范,展开合理性的建设。

（4）风貌协调区

所谓风貌协调区，是指建设区域以外村域范围内的区域，主要构成元素为田园果林、山水格局、景观植被等。该区域主要是保护原有山水格局和自然景观、保证基本农田规模、整治污染，为传统村落提供良好的保护屏障和景观背景。

二、山地自然景观

山地型乡村涵盖非常广泛，且山地自然景观包含的内容非常丰富，形式也多种多样，更加凸显特色。下面就来分析山地自然景观。

（一）山地自然景观的内容

要想了解山地自然景观，首先需要弄清楚山地乡村景观。具体来说，山地乡村景观包含山地自然景观、山地田园景观以及山地文化景观。

山地自然景观在山地乡村景观中占有最大的比例。其是山地乡村区域范围内生态状况、生态条件的反映，具体涉及土壤、气候、山体、动植物、水文等。山地自然景观常表现为怪石嶙峋的洞穴景观、云雾缭绕的森林景观、溪流潺潺的水文景观等。其山地自然景观为山地田园景观与山地文化景观的发展提供了重要条件。

山地田园景观就是我们下面将要说的农田景观的一种。因此，这里不再赘述。山地文化景观是山地乡村范围内风土人情、社会文化的反映。每一种文化观都必然会打上人类活动的烙印，文化景观的改变往往会受到物质因素与非物质因素的影响。

（二）山地自然景观规划的具体做法

山地乡村往往依山傍水，地形较为复杂，因此对山地自然景观的规划需要遵循一定的方法。具体而言，就是要求山地乡村的规划建设与山地自然景观结合起来，保证自然景观的绿化环境，可以从点、线、面做起。

1."点"

根据风景园林的规划理论，乡村建设中山地自然景观的树木种植要因地制宜,选择与当地环境相适合的树种,在规划中还要考虑采光条件,使乡村更具有色彩。同时,这种山地自然景观的加入可以使乡村氛围更加舒适,也有助于改善小气候。

另外,在拥有山地自然景观的乡村规划中,由于地域条件的限制,规划建设中尽量不要设置较大规模的广场,以提高土地的利用率。在设计手法上尽量凸显山地自然景观的自然风貌与人文性特点。

2.“线”

山地型乡村规划中也需要加强街道绿化,使这种人工绿化与自然景观相结合,营造出具有地方乡村特色的绿化环境。再加上山地型乡村水资源一般较为丰富,乡村内河流居多,因此生态很脆弱,水资源容易受到污染,而绿色植被能够净化水体,保护水资源免受人的破坏。

3.“面”

与其他类型的乡村相比,山地型乡村具有良好的自然资源基础,周围山地植被资源丰富,且生物具有多样性特征,因此从景观生态学基质理论上说,山地型乡村具有稳定的、良好的、连续的“基质”。但是,在山地与村落交接的地方,出现了明显的边缘效应,生态相对不稳定,且比较脆弱,因此在山地自然植被的基础上还需要做好防护工作,建立绿色保护区,以实现基质的连续性和生态的稳定性。

三、农田景观

从传统审美角度来看、农田是乡村的象征,农田景观是乡村地区最基本的景观。从景观生态学的角度来说,农田景观通常是由几种不同的作物群体生态系统形成的大小不一的镶嵌体或廊道构成。农田景观规划设计是应用景观生态学原理和农业生态学原理,根据土地适宜性,对农田景观要素的时空组织和安排,制定农田景观利用规则实现农田的长期生产性,建立良好的农田生态系统,提升农田景观的审美质量,创造自然和谐的乡村生产环境。

（一）农田景观的影响因素

农田景观受到以下因素的影响。

1.轮作制

轮作是中国农业的传统。合理的轮作对于保持地力、防治农业病虫害和杂草危害以及维持作物系统的稳定性是极为重要的。为了实行合理的轮作,在一个农田区域中必须将集中参与轮作的农作物按一定比例配置。显然,这样的按比例配置成为制约农田景观的重要因素。

2.农业生产组织形式

不同的农业生产组织形式,其生产规模和生产方式有很大的差异,而这些差异又直接影响农田景观特征。例如,大型的国营农场,由于采用机械化和高劳动生产率,由此形成由单一农作物构成的可达几百亩的农田景观。对于绝大部分实行联产承包责任制的广大乡村,土地分割给每户,农户又从自己的意愿出发来种植作物,结果就会导致农田景观的各个地块面积逐渐缩小,而地块的数目与种类却大幅度增加。

3.耕作栽培技术

中国广大乡村实行的都是作物间套作模式,这一耕作模式对于农田生态系统的改善是非常有利的,并且能够增强农田的经济功能与生态功能。例如,北方农田中可以看到呈现带式后行式的农田景观。从小尺度景观的角度来说,这样的格局可以被认作是不同作物构成的廊道,农田景观就是由这些不同类型的、相互平行的廊道构成的。

（二）农田景观规划的原则

在规划农田景观时,需要坚持以下几点原则。

1.整体性原则

农田景观由多种要素组合而成,在进行规划设计时,应该将其视作一个整体,这样做有助于实现景观的生态性、生产性与美学性的统一。

2.保护性原则

农田最基本的作用在于为人们提供必需品。但是当前,人口众多但土地资源不足,这种矛盾导致在农田景观规划时需要坚持保护性原则,即对农田进行优化整合,使农田真正地能够满足人们的需要。

3.生态性原则

在规划农业景观时,还要求坚持生态性原则,即对农业生产模式进行改变,发展精细农业、生态农业与有机农业,建构稳健的农田生态系统。同时,在建设中还需结合农田林网,增加分散的自然斑块与绿色廊道,对景观的生态功能进行补偿与恢复。

4.地域性原则

地域不同,自然条件也不同,因此在规划不同地域农田景观时,应该对农田景观的格局进行合理的确定,进而凸显该地域的特色。例如,东北地区的玉米—高粱农田景观,华北平原的小麦—玉米农田景观等。

5.美学原则

农田景观还具有特殊的审美价值。这是因为农田景观不仅是生产的对象,还是审美的对象,只是作为景观来呈现在人们的面前。因此,在对农田景观进行规划设计时,需要注重其美学价值,并合理开发其美学价值,从而提高农业生产的经济效益。

(三)农田景观规划的具体做法

农田景观规划除了要坚持一些基本的原则,还需要掌握一些规划的方式。1.斑块规划

(1)斑块大小

大型农田斑块有利于提高生物多样性,小型农田斑块可提高景观多样性。最优农田景观是由几个大型农作物斑块组成,并与众多分散在基质中的其他小型斑块相连,形成一个有机的景观整体。然而,农田斑块的大小是由社会经济条件、农业生产组织形式等决定的。

从景观生态学的角度来说,农田斑块的大小应根据农田景观适宜性、土地需求和生产要求综合确定,以充分发挥景观优势。农田斑块的大小取决于田块的大小,田块的长度主要考虑机械作业效率、灌溉效率

和地形坡度等，一般平原区为 500～800 米；田块宽度取决于机械作业宽度的倍数、末级沟渠间距、农田防护林间距等，一般平原区为 200～400 米，山区根据坡度确定梯田的宽度。平原区田块的规模为 10～32 公顷。

（2）斑块数目

斑块数目越多，景观和物种的多样性就越高。在一定区域中，农田斑块数目多，则田块规模小，不利于农田集约利用。大尺度斑块数目规划设计，由农田景观适宜性决定；小尺度农田景观斑块数目取决于田块的规模，平原区一般为 3～10 块/公顷，山区、丘陵地区数量将增加。农田景观的多样化分布较单一景观相比生态稳定性高，不仅可以明显减轻病虫害的发生，而且对田间小气候具有显著的改善作用。

（3）斑块形状

除了受地形制约外，考虑到实际田间管理的需要和机械作业的便利，田块的形状力求规整。因此，人们通常见到的农田斑块形状大多为长方形，其次是直角梯形和平行四边形，而最不好的是不规则三角形和任意多边形。

（4）斑块位置

农田斑块的位置基本由土地适应性决定。一般来说，以连续的农田斑块为宜，这样有利于农作物种植和提高生产效率。

（5）斑块朝向

农田斑块朝向是指田块长的方向，对作物采光、通风，水土保持和产品运输等有直接影响。实践表明，南北向田块比东西向种植作物能增产 5%～12%。因此，田块朝向一般以南北向为宜。

（6）斑块基质

斑块基质的优劣，直接关系到农作物生长量和经济效益。斑块基质条件主要包括土壤、土地平整度、耕作方式等，需对质地差的斑块基质进行土壤改良设计、施肥设计；土地平整程度直接影响耕作集约化、灌溉、排水、作物通风和光合作用，一般以平坦为宜；耕作方式以提高地力为目的,安排作物轮作方式和间作方式。

2.廊道规划

在农田景观中,廊道主要是指防护林、河流、乡村道路和沟渠等。其中,农田林网对农业景观有着巨大的影响,被认为是农田景观中的廊道网络系统。

(1)林网作用

农田林网是农田的基本建设,具有极大的经济效益、社会效益以及生态效益。实践表明,农田林网能有效地减少旱涝、风沙、霜冻等自然灾害,还能对农田小气候进行改变,如温度、风速、土壤含水量等。正常来说,农田林网能提高小麦产量20%~30%,提高果品产量10%~20%,每亩棉花增产20~35公斤,在自然灾害频繁年份,其保产增产效应更加显现。同时,农田林网也是乡村经济的一个重要组成部分,所提供的林特产品,如木材、水果、干果等,具有较高的经济价值,增加了乡村居民的经济收入。农田林网具有防止水土流失、保护生态环境、净化空气降低空气污染、消除噪声、增加生物多样性和景观多样性的作用。

(2)林网位置

农田林网应根据自然地理条件,因地制宜地设置林带。农田林网分为主林带和副林带,主林带应与主害风向垂直,副林带垂直于主林带。林带通常与河流、沟渠、道路等结合布置。(3)林网规模

一般来说,主林带的间距大小主要决定于林网的高度,通常为林网高度的20~30倍,副林带的间距是主林带间距的1.5~2.0倍。

(4)林带宽度

林带树木行数过多或过少,对防护效果都会产生不利影响。实践证明.最好采用2~4行,行距2~4米。

(5)树种选择

农田林网的树种应根据设计要求和农田作物的生态要求、树种本身对自然条件的要求考虑,可选择材质好,树冠小,树型美和侧根不发达,

适宜营造乔、灌、针和阔混交林的树种。树种的搭配应按乔灌结合与错落有致的原则,路渠配以防护性速生乔木,田埂配以经济高效的小乔木和灌木,既能突出生态效益,又能兼顾经济效能。同时,注重在生物学特性上的共生互补,注意避免可能对农作物生产带来的危害。

四、田园综合体

所谓田园综合体,是指以农业、农村合作社、新型农业经营为载体,融创意农业、循环农业、农事体验为一体的农业综合开发项目。下面就来分析田园综合体。

(一)田园综合体的体系

田园综合体集生产、产业、经营、生态、服务为一体,构成一个专门的体系。

1. 生产体系

田园综合体的生产体系要求务实基础,完善生产体系的发展。也就是说,要按照综合配套、适度超前等原则,集中开展高标准的农田建设,加强田园综合体区域内的基础设施建设,对通信、供电、污水处理、游客集散公共服务等要做好资金支持。

2. 产业体系

田园综合体的产业体系要求凸显特色,打造涉农产业体系发展平台。也就是说,要立足区位环境、历史文化等优势,围绕农业特色与田园资源,做好传统特色主导产业,推动土地规模化利用,进而稳步发展创意农业。同时,利用"生态+""旅游+"等模式,开发农业多功能性,推进农业产业与教育、旅游等的深度融合。

3. 经营体系

田园综合体的经营体系要求创业创新、培育农业经营体系发展新功能。也就是说,要壮大经营主体实力,完善社会化服务,通过股份合作、土地托管或流转等形式,推进农业适度规模经营。

4.生态体系

田园综合体的生态体系要求绿色发展,构建乡村生态体系屏障。也就是说,要建立绿化观念,对田园景观资源进行配置,并挖掘农业生态的巨大价值,将农业景观与体验功能加以统筹,积极发展循环工业,促进资源节约与环境优化。

5.服务体系

田园综合体的服务体系要求完善功能,补齐公共服务体系建设。也就是说,要通过建构服务平台,聚集市场、信息、人才等要素,推进农村新产业发展,并对公共服务设施加以完善,为村民提供便捷的服务。

(二)田园综合体规划的具体做法

在田园综合体规划中,可以从以下几点着手。

1.产业构成上的规划

由于产业具有多元性的特点,对其规划要考虑不同产业的不同性质。

农业产业片区:规划时要做到三点。

(1)满足现代农业产业园的功能需求。

(2)要配备社区支持农业的菜园空间。

(3)要给予创意农业、休闲农业预留出空间。

文旅产业片区:规划时要考虑规模、功能、多样性等,尽力加载丰富的文化生活内容,达到与生态型旅游产品相符的农村旅游特色。

地产及村舍片区:要尊重原有村落风貌,构建村落肌理,将村子的"本来"面貌还原出来,同时需要布局管理和服务区块,构建完整的村舍服务功能。

2.功能片区上的规划

基于田园综合体多产业融合,可将其按照功能片区来规划。核心景观片区:一般是吸引人的田园景区,其规划布局要凸显主题,通过特殊的节点与线路,给人留下深刻的印象,可以依托瓜果园、农田、花卉展示等给顾客以美的享受。

创意农业休闲片区：主要是为了满足游客创意休闲活动的景区，其规划要从农业的创意活动出发进行规划，如农家风情小筑、乡村节庆活动等。

农业生产片区：主要是大田园农业生产景区，其规划要具有规模性，尽量满足机械化种植的需求，让游人能够认识农业的全过程，也可以亲身体验农事活动。

独家/居住片区：这是城镇化实现的核心承载地区，主要是产业融合与产业聚居地，在规划时应该主要考虑村落的构建。

第四节　乡村公共空间营建

一、文化活动空间

乡村文化活动空间一般指文化广场等供居民进行舞蹈、戏曲等文化活动的场所。乡村文化广场的选址可以是一些规模较大的宗祠、寺庙门前，或依托村委会、乡村公园等，也可以根据居民的意愿合理进行选择。乡村文化广场的设置应尽量避免对原有树木的破坏。乡村文化广场的规模应根据实际需求，既能满足居民日常的休憩、集会、戏剧舞蹈等活动，又需避免因过大而造成的资源浪费，同时应根据实际需要设置舞台、景墙等，满足文化活动需求。

文化广场的铺装类型应根据周围环境进行选择。在宗祠、寺庙等传统建筑周围的广场，铺装材料和纹理都要向传统靠拢，使用体现传统面貌的花岗岩板、透水砖等进行铺装；在面貌较为现代的村庄，文化广场的铺装可以采用透水混凝土等现代材料。在不影响活动的区域可以种植便于维护的灌木、草本植物等，保证敞开的面积，避免过度硬化，方便雨水下渗。广场周围种植乡土乔木进行遮阴，可以选择观果观花树种，结合灌木、草本植物等营造丰富的景观，结合树池设计座椅等，方便居民休憩。

二、体育活动空间

乡村体育活动空间主要是球类运动场和运动设施区域。乡村运动场的构筑应根据居民的意愿和运动基础，创造居民喜闻乐见的球类运动场所，保证运动场的使用率。运动场地应考虑排水沟等设施，便于雨季使用。乡村运动设施区域可以设置在体育活动空间周围方便使用。运动设施区域铺地选用植草砖、透水混凝土、砂砾等透水材料。在不影响使用功能的前提下见缝插绿，进行绿化和遮阴。

乡村篮球场由于其使用强度低，使用人群多以健身活动为目的，有正规的比赛需求，因此不必按照城市篮球场的规格建设。考虑到节约土地资源、降低成本并尽可能多地满足居民的活动需求，乡村篮球场的选址和建设可以灵活多变，在一些较为零碎的地块，可以按照半场的规格来建设；在人群需求高、处于聚落中心的位置可以采用较高规格的篮球场。由于乡村活动空间的使用强度不高，为了充分利用活动空间，可以在乡村的戏曲广场、集会广场等空间加建篮球架，方便居民空闲时在这些空间进行体育锻炼。

乡村篮球场的铺装要根据实际情况灵活多变地使用材料，在满足使用需求的同时，尽量使用生态环保的材料。乡村篮球场由于其使用人群的业余性及人群运动强度较低，因此根据实际情况，在无高强度运动的场地不必进行专业化的铺装。在条件一般、需求一般的地方，篮球场的铺装可以选择与混凝土相比透水性更好的三合土。在与其他活动空间（如戏曲广场等）相结合设计时，铺地可以选择表面较粗糙的透水砖等铺装,既增加场地使用率,又满足使用需求。在较为正式的篮球场,要注意周围的绿化遮阴处理,不必要的区域避免硬质铺装,看台等设施可以采用石材等自然材料。

三、村口空间

(一)植物标志型村口

一些村庄的村口选取较为独立的、明显的标志性植物,根据周围环境可以较为自然地处理,借助地形、地质等自然景观,运用当地的石材、木材等自然材料进行修饰,构成村口景观;也可以对地形地貌进行人工修整,对土地进行硬化处理,构筑台地、围篱等,使环境更加整洁,标志性更为明显。可以在适当的位置添加村名、村庄介绍等文字标注。设计中应使用当地的自然材料,比如石头、木材、土坯等,尽量避免使用水泥、塑料等工业化材料。

(二)景观小品型村口

使用简单的构筑物来营造景观小品或者直接使用构筑物作为村口标志的均可归类为景观小品型村口。此类型村口的设计分为两种:

第一种村口为观光休闲功能服务型村口,这类村口对观光休闲宣传、指示等功能要求较高,一般要求形象突出,易寻易记,具有较多的宣传与指示文字,并且要求在色彩、材料、设计意象等运用上体现当地文化与特色。在条件较好的乡村,一般这种村口配有观光休闲服务大厅、广场等配套设施。条件一般的乡村多使用牌坊等标志搭配简单的景观营造村口空间。这类村口的营造要避免精致化,要表现出乡土、简单、粗放等符合乡村气质的特点。可以使用废旧木材、废旧砖石等材料,既能体现乡村风貌,又能废物利用。村口空间要能与乡村整体风格融为一体,不能过于突兀。

第二种村口对观光休闲宣传的功能要求较低,适用于一般村庄。这类村口可能是简单的构筑物,起到一定的宣传作用,也可能是当地居民生活环境的一部分,景观的功能大于宣传的功能。这类村口的营造可以搭配小广场、小游园等供居民日常停留休憩、养生。这类村口的营造要注意尺度不能过大,铺装尽量使用乡土材料,注意绿化遮阴等措施。

（三）广场型村口

除了景观功能外,广场型村口还承担着人群停留、集散、活动等功能,涉及的设计要素包括铺装、绿化、小品、设施等。

铺装:尽量避免硬质铺装,可以使用透水混凝土、嵌草砖、传统石材等替代传统混凝土进行铺装,增强地表水循环,减少夏季热辐射。

绿化:选用乡土植物进行绿化和景观营造。使用高大乔木进行遮阴。在大面积绿化的地方考虑使用乔木、灌木、草本植物结合的绿化方式,并考虑自然生态群落的植物搭配。在景观营造上考虑常绿与落叶树种的搭配,考虑有色树种的使用。

小品:景观小品的营造应考虑到生态成本与乡土特色,尽量使用自然素材与当地特色素材,体现自然情趣与地域特征。后期的维护应简便,减少废料的产生。

设施:广场上布置如坐凳、景牌、园艺灯具等设施,应注意生态化技术的使用与风格统一。

村口广场的尺度不宜过大,大小要既满足人流高峰的使用又符合乡村的尺度。在人流较大的村庄,村口广场应设计出入口,避免流线冲突。村口广场的形态设计可以根据地形的变化而变化,在形态上体现自然生态特征。广场的风格采用古朴、原生态或现代化的风格,应与村庄的风格保持一致,广场铺装、绿化、小品、设施等的风格、色彩、形式应保持和谐统一。

第五节 村容村貌的提升

一、乡村人居建筑修缮

（一）乡村建筑设计原则

乡村建筑不同于城市建筑，乡村建筑受其所处的自然地理环境和地域文化特色影响较大，且功能不仅限于居住，往往集生产、生活和生态于一体。因此，乡村建筑设计要遵循以下原则：

1.因地制宜，尊重地域环境特色建筑的选址和形态设计要与其周围的自然山水环境相得益彰、相互呼应、相互成景。

2.以人为本，合理布置建筑功能空间根据当地乡村居民的生产生活方式和行为习惯综合考虑，满足村民对建筑功能空间复合性、多元化和现代化的使用需求。

3.就地取材，经济适用，突出乡土特色建筑材料尽量采用本土石材、木材或其他材料，高效开发地方资源，既降低建筑投入成本，又能够突出乡土特色。建筑尺度适度、协调，切忌高楼林立。

4.保护与传承并存，体现地域文化特色，营造归属感乡村建筑有着深厚的地域文化内涵，是人与自然地理、气候、宗教礼法共同作用的结果。诸如江南的老街古巷、沿海的岛屿石屋，抑或是内蒙古的帐篷房，无不反映着当地的自然、社会和文化背景。

因此，在进行乡村建筑设计时，要充分考察和挖掘当地历史文化和人文特色，结合乡村建筑现状，采用保护和传承的更新策略，重塑传统民居特色，营造归属感。

（二）营建乡村居住空间

营建策略以改善村民的生活品质和居住环境为目标，是对地方经济、社会、文化和环境的有效回应。主要有以下几个方面：

1.融合乡村产业发展与空间模式。产业兴旺是乡村振兴的重点,是解决农村一切问题的前提。乡村产业内涵丰富、类型多样,农产品加工业提升农业价值,乡村特色产业拓宽产业门类,休闲农业拓展农业功能,乡村新型服务业丰富业态类型,是提升农业、繁荣农村、富裕农民的产业。乡村产业的发展能带动生产和生活条件的改善。

2.延续地方文化与传统习俗。乡村是优秀传统文化的发源地,是礼仪文化、农耕文化、民俗文化的重要载体,乡村文化在历史的发展中成为民众共同的文化记忆,继承和发展富有地方特色的乡村优秀传统文化,捍卫乡村记忆,就是延续我们的文化根脉,文化习俗的延续是对乡村居民生活价值观的尊重。

3.适应乡村生活方式与现代居住功能。乡村居住空间的营建不仅要考虑乡村社会变迁,还要理解生产与生活相互渗透的现实特征。在适应乡村生活方式的基础上,满足现代人对居住空间的布局、功能、形态和环境改善的时代需求。

4.尊重环境肌理与地方特征。乡村环境的形成是历经漫长时间改造和适应自然地理条件的结果,特定的环境使当地建筑的形态与特征呈现出一定规律。尊重乡村环境的肌理,并从中寻找村落与环境的关系,提炼符号与元素,是进行乡村居住空间营建的基础。利用具有地方形态特征的实用性元素,完成地方空间形态到建筑风貌的传承与创新。

5.选择地方材料与适宜技术。就地取材既能展现地方特色又能更好地融入乡村环境,适宜技术的选择是对传统营建技艺的承传与发展,更是对经济性、社会性和艺术价值的平衡与把控。

6.营造场所精神与归属感。乡村在本质上是一种生活世界,其主体是当地的村民。乡村居住空间作为村民日常生活与交往活动的场所,是村落发育、文化沉淀、历史沿革的外在体现,也是居住功能和精神意义的集合体。在村民与场所的互动交流中,居住空间给人以"集体记忆",使村民产生了一种心理上的认同感和归属感。

二、乡村自然景观修复

（一）乡村自然景观

乡村自然景观指乡村中原始存在和自然形成的水系、森林、草地、湖泊、沼泽以及自然保护区等景观资源。对于乡村景观而言，自然是环境的主体，人为的干扰因素较低，景观的自然属性较强。不同的地形地貌、植被状况和水系结构形成了区域自然环境的外貌，这些不仅构成了乡村景观的本底，也对乡村景观的形态产生了重要的影响。

（二）修复乡村自然景观

随着我国改革开放以来快速城镇化的推进，乡村自然景观遭受了较大的破坏，如何保护乡村自然景观的完整性、多样性，修复被破坏的山川、河流、植被等自然景观成为乡村可持续发展的重要内容。首先，在国家战略层面上，需要制定对乡村自然景观修复的法定文件和技术导则，约束和控制乡村空间的有序合理开发；其次，在乡村发展规划层面上，要以生态优先，保护原始自然景观，划定自然景观保护区，构建完整多样的自然景观系统；再者，在规划设计方面，要以自然为本，采用生态修复手段，修复已经被破坏的山林、水系和植被，维持自然景观过程和功能，再现乡村自然景观风貌。

比如，水系是乡村重要的生态要素，具有农业灌溉、防洪排涝和景观游憩等功能，水塘、溪流和沟渠是乡村水系中最为常见的自然景观。对乡村河流景观的修复要遵循以自然生态修复为主，结合地形及水岸线，配置乡土植物，营造乡村地带性植物群落景观，处理好水系、驳岸、植物、设施之间的关系，有效地组织乡村景观的空间序列。

三、乡村人文景观传承

（一）乡村人文景观

乡村人文景观是乡村在长期的发展过程中，居民为满足一定时期的物质和精神文化需求,利用自然界所提供的素材,有意识地在自然景观基础上叠加人类创造而形成的景观,是历代劳动人民智慧的结晶,记录了人类活动的历史,具有时间和空间复合性,反映了一个地域的人类活动和历史文化特征,表达了特定乡村区域的独特精神。其显著的特点是保存了大量的非物质形态传统习俗和物质形态景观实体,与其所依存的景观环境、人类感知、景观意向,共同形成较为完整的、互相区别的乡村文化景观体系。

（二）传承乡村人文景观

快速城镇化和乡村的现代化发展,对乡村人文景观造成了非常大的冲击,许多历史遗留下来的、能够反映地方特殊文化的人文景观逐渐被现代化物质空间所替代,消失殆尽。在国家提倡乡村振兴、文化自信的背景下,我们应该重视对乡村人文景观的传承和塑造。

对乡村人文景观的传承重点在保护,尤其要重视保护古民居、古村落、传统习俗、风土人情等具有地域文化特征的景观要素;并通过在乡村人文景观设计中融入当地的传统建筑、思想、农耕、民俗、服饰、图腾以及生活方式等设计元素,凸显乡村景观环境中的文化背景,传承当地传统。

其次,在未来乡村发展过程中,相关部门和人员要特别重视对乡村人文景观的重塑,且遵循"有机更新理论",在继承保护的基础上,与当地居民的生活环境、精神文明建设建立联系,利用设计手法进行重新演绎。通过更新乡村肌理、空间形态、景观布局,丰富乡村的聚落空间,同时允许局部景观的更新以适应现代生活的需要,形成"古为今用、和谐美观"的景观效果。

四、乡村聚落景观营造

（一）乡村聚落景观

所谓聚落,就是人类各种居住地的总称,由各种建筑物、构筑物、道路、绿地、水源地等要素组成。

乡村聚落是指乡村人口的居住地或居住区,以及这里的建筑、道路、水体、院落和绿地等。乡村聚落以人为核心,建筑物为主体,聚落周围环境和自然资源为基础。乡村聚落景观就是由这些位于乡村区域的建筑和其他居民生活空间等物质空间要素构成的景观类型,包括街道、庭院、广场、公园、文化设施场所等一些公共空间,是村民直接紧密接触的景观,往往能给居民带来最直接的感受,也是记录了乡村历史文化、展示乡村整体特色的一类景观。

(二)营造乡村聚落景观

乡村聚落景观的营造应从以下几个方面进行:

1.乡村聚落性景观的整体规划应尊重村庄肌理,在尽量不破坏村庄原始风貌的基础上,挖掘对维护村落景观塑造起主要作用的节点元素、空间肌理、景观素材等,构建特色乡村聚落景观格局。

2.以古村宅院建筑、新农村现代建筑为主要载体,结合乡村特有的聚落格局,打造独具特色的村容村貌。

3.保持乡村乡土特色,结合乡村山水自然环境,并考虑现代村民的居住生活方式和行为需求,对乡村聚落景观空间进行布局,营造舒适宜居的乡村聚落空间。

4.挖掘乡村特有的历史传统文化符号,运用到乡村聚落景观要素的设计上,并有效地组织其空间序列,使乡村聚落景观得到传承和可持续发展。

5.在原有乡村道路基本骨架之上,因地制宜规划道路,形成尺度宜人、通达性好的乡村生活空间,实现乡村景观与现代风格的有机融合。

五、乡村园林景观营造

(一)乡村园林景观

乡村园林以乡村景观为背景,是随着乡村发展而逐渐产生的一类新景观。广义的乡村园林景观是指非城市化地区人类聚居环境,以自然水石、地貌、花木及建筑等要素为表现手段,创造出具有乡村自然美景的园林景观空间。乡村园林景观有别于城市园林景观,城市园林景观是通过人工再现自然,而乡村园林景观则是在大自然的基础上,用艺术的手法加以精心雕琢,更为朴素地保留自然景观真迹,做到"师法自然、回归自然,虽由天作、宛自人开"的效果,从而实现自然美的升华。

(二)营造乡村园林景观

乡村园林景观的设计应遵循崇尚自然、力求人与自然的高度融合,以源于大自然的绿色空间为蓝本,对乡村景观进行补充与调整、整合与恢复,以不同的设计理念创作出千变万化的乡村园林画卷。其设计营造原则主要有以下几个方面:

1.充分尊重现有的自然条件与地理环境,综合考虑山、水、林、田、园、建筑、道路等乡村原有景观要素,以自然生态为本、乡土特色为基调,打造一个可观、可赏、可居、可感、可忆的乡村园林景观。

2.以人为本,充分考虑乡村居民的思想观念和地方习俗,以及他们的生产、生活、心理、生理等需求,营造舒适便捷和富有归属感的乡村园林景观空间。

3.挖掘和发展乡土文化,将乡土人文景观融入乡村园林景观创作中,运用地方传统文化符号,创造意境园林空间,延续场所文脉。

4.借景田园风光,有效扩大乡村园林景观空间视野,融入农业体验,增加乡村园林景观空间的体验感和科普功能。

5.坚持适地适树的原则,以乡土树种为主,注重瓜果等乡村植物的配置,表现乡村氛围和趣味。

6.遵循景观多样性的原则,利用乡村一些景观元素,打造丰富多彩的乡村园林景观。

7.突出地域特色,充分考虑和运用乡土元素,利用乡土植物、乡土石材、风俗故事等设计雕像和景观。

六、乡村农业景观营造

（一）乡村农业景观

乡村农业景观是乡村景观的重要组成部分。乡村农业景观是指乡村区域以农业资源和农业生产为主要构成要素，自然环境为基底，由与农业生产过程相关的人、土地、水体、植物、道路和建筑等物质要素所构成的景观，并随人类活动、季节变化和土地的影响而改变，兼具生态、生产、经济和美学等价值。农民是农业景观的主要创造者，农业种植是农业景观的基础，农作物、林带、果园等是最重要、最具特色的造景元素，农耕文化、农业活动、田园观光等是形成该类景观的主要内容。农业景观是人类创造出来的一种特有的大地艺术景观，是自然与人工长期互动的结晶。它是人类利用自然、改造自然成功的重要标志，是人类运用劳动工具而创造出来的一种独具生命力的景观。

（二）发展乡村农业景观

近年来，随着国家政策对乡村发展的大力支持，以及城市居民乡村旅游热的需求增加，乡村农业景观作为乡村景观的重要部分，也受到了广泛的关注，休闲农业、观光农业等农业景观的附加功能逐渐增多。乡村振兴战略的提出和实施更是乡村农业景观快速发展的催化剂。田园综合体的发展模式于 2017 年被写入中央 1 号文件，文件提出"支持有条件的乡村建设以农民合作社为主要载体、让农民充分参与和受益，集循环农业、创意农业、农事体验于一体的田园综合体"，因此，未来的乡村农业景观将以田园综合体的构建模式，发展成集农业生态、农业生产、农业生活、农业旅游、农业体验等为一体的综合特色景观。田园综合体的发展，将使城与乡、农与工、生产生活生态、传统与现代相得益彰。

在农业景观营造上，根据乡村的地带性差异，分析不同农作物及岩石、植被、水面等天然肌理，表现不同的质感与纹理效果，形成独特的农田肌理；结合乡村自身农耕文化和风土人情，考虑色彩的地标性，注重本地气候及土壤特点,用色彩来展示乡村农田的特有风格;通过横向空间、纵向空间、生态序列、层次等的变化来实现农田序列的打造,配以地形、陡坎、水系等要素进行穿插排列,形成别具节奏、韵律的景观空间;以乡村果树、苗木、花卉等经济林资源为依托,结合乡村自然景观、产业,打造"果硕、林繁、花开"的丰收景象。

第六章　资源的保护与节约

第一节　乡村资源

一、乡村资源的类型

乡村资源是指在乡村地域范围内能够为人类所利用的乡村自然资源和乡村社会资源的总和。

乡村自然资源是人类可以直接从自然界获得，并用于农业生产的自然物。如土地资源（耕地、草地、林地等）、气候资源（由光、热、降水等因素构成）、水资源（由地表水、地下水、降水等因素构成）、生物资源（由动物、植物、微生物所构成）等。

乡村社会资源是指可作为乡村再生产过程中的劳动要素和劳动手段要素的资财，如乡村人口、劳动力、科学技术水平、水利等基础设施等。乡村资源可持续利用就是以最合理、最节约的方式开发利用和保护乡村资源，充分发挥乡村资源的经济功能，以满足社会日益增长的生产和生活需要。

二、合理利用乡村资源的原则和目标

（一）落实基本国策、严格保护耕地。贯彻《基本农田保护条例》，十分珍惜和合理利用每一寸耕地。

（二）采用先进技术，深度开发耕地资源。通过改造低产田、低产果

园等,建立高产高效的农产品生产基地;适度开垦宜农荒地资源,因地制宜发展多种经营。

(三)合理调整农作物种植结构、充分利用光热资源,开展多种形式的多层次资源配置,发挥土地生态系统的综合效益。

(四)有机肥与无机肥结合,实现作物科学施肥,因地制宜推行生态农业,促进农业内部良性循环。

(五)加大投入、完善工程配置,改变传统的农业大水漫灌方式,采用喷灌、滴灌等先进的灌溉技术,建立以节地、节水为中心的集约化农业生产体系。

三、农业资源

农业资源是指人们从事农业生产或农业经济活动中可以利用的各种资源,包括农业自然资源和农业社会资源。农业自然资源主要指自然界存在的、可为农业生产利用或服务的物质、能量和环境条件的总称,包括土地资源、水资源、气候资源、养分资源和物种资源等。农业社会资源是指社会、经济和科学技术因素中可以用于农业生产的各种要素,包括从事农业生产和农业经济活动中可利用的各种资源,如劳力资源、农业技术、各种农机具等。农业资源是农业生产发展的物质基础,农业生产的核心是农业资源的高效永续利用。

四、乡村废弃物资源

乡村废弃物是指在农业生产过程中暂时不用的有机类物质。按其成分分为植物纤维性废弃物和畜禽粪便两大类。按其存在状态分为固体废弃物、液体废弃物和气体废弃物三类。按其来源分为养殖业废弃物、种植业废弃物、农村生活垃圾、农业加工业废弃物四类。养殖业废弃物主要指各种畜禽粪便等,种植业废弃物主要指各种作物秸秆、果壳、藤蔓等,农村生活垃圾是指农村居民代谢产物和生活垃圾等,农业加工业废弃物是指农副产品加工后的剩余物。

乡村废弃物资源有以下特点：

（一）乡村废弃物资源来源广泛、分布面积大，集中收集处理难，在收集、储存及运输等环节易出现污染情况。

（二）乡村废弃物资源有机物质比例高，资源化处理与循环利用的可能性大，通过发展乡村沼气工程等方式可转换为环保型可再生能源。

（三）乡村各生态要素紧密相连，乡村废弃物资源处置不当可能造成乡村环境的多种污染，如畜禽粪便随处堆积就可能造成农村空气污染、水体污染，甚至农村土壤污染等，农村废弃物资源高效利用势在必行。

第二节　资源的高效利用

一、资源高效利用模式及技术

通过各种生态技术，使农业生产要素和农业产品等生产性资源在农业生产过程中得到重复和多层次利用，提高资源的利用率。包括立体化配套种养技术、农林牧副渔各业相结合的技术等。

（一）单一种植业、养殖业循环模式

1.以种植业为主体的循环模式

因地制宜采用间作、套作与轮作等各种种植方式达到充分、合理地利用当地资源组成集约经营的种植制度这也是中国传统农业的特色。

（1）间套作：选择形态、生理和生态差异大的作物进行搭配，选择合适的种植结构和栽培技术，从而实现在空间利用和系统稳定性方面的互补。例如豆科作物和禾本科作物的间套种，就有不同物种间的养分交换,产生养分在作物间循环。间作是在同一田地上于同一生长期内,分行或分带相间种植两种或两种以上作物的种植方式。套作是指在前季作物生长后期的株行间播种或移栽后季作物的种植方式。

(2)农作物间作:在作物种植业中,通过高秆与矮秆、深根与浅根、喜光与耐阴以及具备不同营养特性的作物相搭配,实行合理的间作,可以充分利用土地、光照、水分和养分等资源,同时利用生物之间的互补可减轻病虫害。

(3)作物套作:将不同物种的不同生育时期安排在同一地块。按其生育特点嵌合在一起,充分利用空间、养分等资源,扩大产出。小麦套玉米、麦—棉—绿肥间套作、作物与蔬菜套种、果农套作等。

(4)轮作:指在同一块田地上有顺序地轮换种植不同作物的种植方式。通过不同作物的轮作换茬,可实现用养结合,减少病虫草害的影响。大田作物轮作:水稻与旱地作物水旱轮作;小麦、玉米与棉花轮作;豆类与禾本科作物轮作;小麦、玉米轮作。其他还有如东北的玉米—大豆轮作、不同蔬菜作物轮作等。

(5)坡地水保措施:通过生物措施和工程措施,坡地养分和水分可以更多地在林地、果园和梯田中循环利用。例如果园种草(生物措施)可以使养分留在果园内循环,水平梯田(工程措施)和水窖建设可以减少水分和养分离开坡地,增加循环。

2.以养殖业为主体的循环模式

在养殖业内部进行合理的循环。如:鸡粪—猪—猪粪—蝇蛆—鸡模式、分层立体养殖模式、秸秆—饲草喂食动物—粪便作食用菌培养基—制作沼气或养蚯蚓模式等。

(二)农林牧副渔各业相结合循环利用模式及技术

大农业中,通过不同方式将农林牧副渔各业联系起来,合理布局,从而达到对资源的充分利用。例如,在种养殖和沼气池相结合的生态农业园中,集生态、社会、经济效益于一体的生产布局,即畜牧业与种植业相结合,加上以沼气发酵为主的能源生态工程、粪便生物氧化塘多级利用生态工程,将农作物秸秆等废弃物和家畜排泄物能源化,向农户提供生活能源和生产能源;将农作物秸秆等废弃物和家畜排泄物肥料化,向农田提供经过发酵的高效有机肥料,可逐年提高土壤的有机质含量,确保农业的可持续发展。在这种模式中,农作物的果实、秸秆和家畜排泄物都得到循环利用,输出各种清洁能源和清洁肥料,综合效益明显。

1. 种植业与养殖业相结合的循环模式

在种植业与畜牧业的结合方面有饲草生产技术,以作物产品为原料的配合饲料生产技术,例如饲料作物(玉米、大豆、苜蓿、象草、苏丹草、黑麦草、三叶草)种植与养牛、养猪、养鸡、养鱼的结合,作物秸秆喂养动物,动物粪便肥田。也包含在同一土地单元里将种植业和养殖业结合起来,如农田培养食用菌、以沼气为纽带的种养结合模式等。

(1)饲料作物—养殖模式。如种草养牛、养鱼。种草养牛:根据山地资源的特点,采取人工种草的方法,提高草地的产草量和草质,发展养羊。有两种方式:一是利用山地草坡人工种植黑麦草、红三叶、狗尾草、鸭茅等;二是划区轮牧,在人工种植的草山草坡上,进行合理的划区轮牧、配套养殖。

(2)农田培养食用菌。在南方蔗区,不少农民利用甘蔗和蘑菇(白蘑菇)生长的时序差异,将甘蔗种植与蘑菇培养合理地配置于同一空间内,使两者相得益彰。同时蔗田培养蘑菇也能促进甘蔗生长和提高产量。蘑菇(白蘑菇)属喜暗菇类,生长发育过程中不需光照。甘蔗叶片茂密,为下层创造良好的遮阴环境。在甘蔗生长中、后期,通常要摘除甘蔗下层叶片,以利于蘑菇通风透气。此外还有玉米地培养蘑菇等立体模式,原理一样。

(3)以沼气为纽带的种养结合循环模式。利用沼气这一农业接口工程,把农业和农村产生的秸秆、人畜粪便等有机废弃物转变为有用的资源进行综合利用,有助于提高农村的有机废弃物如秸秆、人畜粪便等物质的利用率;改善环境卫生,提高环境质量。

2.种植业与林业相结合的循环模式

农林业模式是把多年生木本植物与栽培作物和(或)动物,在空间上进行合理组合的土地利用和技术系统的综合,如农林间作、林药间作等。从小规模的农林结合的土地利用,逐渐形成规模较大的区域性气候、地形、土壤、水体、生物资源的综合开发,实现多级生产、稳定高效的复合循环生态体系。农林间作在我国有许多成功的模式,如沿海农田防护林,河南、安徽的桐农间作,河北的枣农间作,江苏的稻麦与池杉间作,热带地区的胶茶间作、核树与菠萝间作等。一般林木包括泡桐、枣树、杨树、杉木、果树等,农作物包括小麦、水稻、玉米、棉花、花生、油菜、大豆等。

3.养殖业与林业相结合的循环模式

依据自然种群的组合原则,组配人工食物链,既最大限度地利用自然资源,又能取得较好的经济效益。在畜牧业与林业结合方面有草原防护林技术,林下放牧技术。食草动物、人工培育禽类、食用菌和蚯蚓等种群常常被加在人工林牧复合结构中以置换相应的野生种类。该类型常见的模式有:林—昆虫—鸡—貂;林—畜—蚯蚓;林—鱼—鸭等,林地养鸡、果园养鸡等,注意各组分的比例要协调。

4.养殖业与渔业相结合的循环模式

在畜牧业与渔业的连接方面,有鱼塘养鸭技术、塘边养猪技术等。利用鲜禽粪作为养鱼的肥料和饲料,直接投喂养鱼;或者将干禽粪作为鱼配合饲料的重要组成部分。

5.大农业循环模式

大农业是种植业、林业、牧业、渔业及其延伸的农产品加工业、农产品贸易与服务业等密切联系协同作用的耦合体,各产业间的相互作用及结构的整体性是建立农业循环经济产业链的基础。大农业型发展模式就是在同一土地管理单元上,立体种植,横向延伸,建设农林牧副渔一体化。

农林牧副渔各业兼而有之的综合型模式比较复杂,可以因地制宜的进行组合。山区半山区,可以实施"牧、能、林"一体化建设,如以沼气利用为主的林果种植及养殖业并举的"围山转"生态农业工程;平原地区,可以实施"农、牧、能、商""农、渔、能、商"一体化建设,如桑基鱼塘,及以沼气为纽带的蔬菜花卉种植业、养殖业和加工业并举的生态农业工程等。

(三)农业循环经济的新产业——生物质产业化经营

生物质包含动物、植物、微生物及其派生物、排泄物和遗体以及其中的生物质能。生物质中的每一种都是农业循环经济的组成部分,是相互作用、相互循环经济条件的不同物质组合形成的农业循环系统。生物质产业即利用可再生或循环的有机物质,是循环经济的扩展。生物质产业对解决当代能源危机,环境污染和人类严重疾病有着重要的作用,是一个朝阳产业,将成为进行生物基产品、生物燃料和生物能源生产的一种新兴产业。

生物质能源之所以受人类的高度重视,与它的多功能和对资源的节约和循环使用有着密切的关系。首先,利用太阳能、风能、水能等可再生能源作为能量。生物质既是可再生能源,能产生上千种的产品,且因其主要成分为碳水化合物,在生产及使用过程中与环境友好。

(四)乡村废弃物资源化主要途径

发展循环经济是今后社会发展的重要方向,变"废"为"宝"已成为热门的话题。农业废弃物资源综合利用已朝着肥料化、饲料化、能源化和材料化方向发展。

(1)肥料化

农业废弃物资源含有丰富的氮、磷、钾及微量营养元素等多种作物必需养分,将秸秆、畜禽粪尿等废弃物资源进行堆沤处理制成腐熟有机肥料可增加土壤有机质、改善土壤结构,提高作物产量、改善农产品品质。

（2）饲料化

农业废弃物资源中除含有能量和丰富矿物质以外，还含有维生素及其他营养成分，可作为饲料利用。如氨化饲料、青贮饲料、生化蛋白饲料、糖化饲料、碱化饲料等，应用于养殖业具有较好的效益。

（3）能源化

农业废弃物资源蕴含大量能量，可作为生物质能用于沼气、发电、燃烧。如将农业废弃物资源进行沼气发酵制取沼气用作农村能源，秸秆气化、液化、固化可燃烧发电等。

（4）材料化

利用农业废弃物资源中的高蛋白质和纤维性材料生产多种物质材料和生产资料。如加工生产轻型建材、复合板、可降解包装材料、农用地膜和纸餐盒等，在工农业生产及社会生活中前景广阔。

二、循环农业中的废弃物资源化利用模式

循环农业强调农业发展的生态资源整合效应。通过建立"资源—产品—再利用—再生产"的循环机制，实现经济发展与生态平衡的协调，实现两低两高（资源低消耗、污染物的低排放、物质和能量的高利用）。废弃物资源化技术包括秸秆和畜禽粪便的利用技术等。

过去农业废弃物（特别是秸秆、畜禽粪便等）作为有机肥使用，在促进物质能量循环和培肥地力方面发挥了巨大的作用。但随着农业生产的发展渐转向省工、省力、高效、清洁的栽培方式，传统的有机肥料积、制、存、用技术已不能适应现代农业的发展。针对农业种养废弃物存在的问题，农户需引入循环农业理念，对其进行资源化利用处理。

在循环农业模式中，农业种养废弃物的资源化利用以能源化、肥料化、饲料化及材料化为主，通过利用农业种养废弃物资源化利用在循环农业模式中的发展策略，减少农业种养废弃物引发的环境污染，降低农业生产投入，提高循环农业整体效益。

（一）秸秆的资源化模式

在循环农业模式下，农作物秸秆可用作饲料、肥料或者发电。将农业生产过程中的副产品农作物秸秆，通过加工处理技术变为有用的资源加以利用，实现秸秆资源化（肥料化、饲料化、原料化、能源化）等，消除环境污染和生态破坏，保障农业的可持续发展。饲料化利用是指通过秸秆青贮、氨化或微贮等技术，利用农作物秸秆表面的微生物，完成发酵过程，将秸秆转变为饲料。这种饲料制作过程可保留秸秆中的营养成分，如蛋白质、胡萝卜素等，且饲料中含有较多粗纤维，便于牛羊等牲畜消化，可提升牲畜的采食量，实现秸秆资源化利用的同时，提高牲畜养殖质量。秸秆肥料是指利用发酵技术，将农作物秸秆、植物枝条及花卉等废弃物转变为肥料。

1. 肥料化

可通过秸秆还田利用，转化为肥料，秸秆还田的方法有整株还田、有根茬粉碎还田、传统沤肥还田、过腹还田等。还田具有明显的生态经济效果，实践证明秸秆还田可增产10％以上；改善土壤特性，包括减少地表径流，降低土壤容重，增加土壤孔隙，调节土壤温度，增加湿度；改善土壤养分，包括增加和平衡土壤有机质、增加土壤有效硅、有效钾含量；还可抑制杂草等。

2. 饲料化

将农作物秸秆通过青贮、氨化、微贮等处理措施，使秸秆中的纤维素、木质素细胞壁膨胀疏松，便于牲畜消化吸收的一种秸秆饲料利用技术。方法包括对饲料进行干燥处理，包括自然干燥和人工干燥法；也可通过氨化、青贮、微生物发酵贮存、热喷、揉搓、压饼等进行饲料化加工。

3. 作为生产原料利用

利用秸秆作为造纸和编织行业、食用菌生产等，又兴起了秸秆制碳技术、纸质地膜、纤维密度板等。

4.能源化

一是可利用秸秆进沼气池作为能源使用,二是秸秆气化作为能源使用,三是秸秆发电等。

(二)畜禽粪便的资源化模式

畜禽粪便的资源化将畜禽粪便通过一定的技术处理实现资源化(肥料化、饲料化、能源化)等,在种植业、养殖业之间进行循环等。例如,北方农村地区构建的"四位一体"沼气池结构,将沼气设施和畜禽舍、温室、厕所连接,统一收集畜禽粪便转移到沼气池中进行发酵生产,生产获得的沼气传输至温室的沼气灯中,用作燃烧原料。通过沼气灯燃烧,释放二氧化碳,提高温度,为温室内的农作物及畜禽提供良好生长环境。同时,对于区域集中的规模化畜禽养殖场,当地政府部门可建设沼气发电项目或沼气提纯天然气项目,将畜禽粪便转变为电力与天然气,实现高效绿色的资源化利用。可见,通过沼气工程建设,可将废弃物转变为农业生产所需的各项资源,推动循环农业发展。

1.肥料化

将畜禽粪便发酵后进行还田作为肥料使用,是减轻环境污染,充分利用农业资源的有效措施。

2.饲料化

经适当处理可杀死病原菌,改善适口性,提高蛋白质的消化率和代谢能力。处理方法主要有干燥法、青贮法、发酵法、分离法、化学法、热喷法等。

3.作培养料

利用畜禽粪便作为食用菌的基床。

4.燃料化

厌氧发酵法是将畜禽粪便和秸秆等一起进行发酵产生沼气,是畜禽粪便利用的最有效方法。提供清洁能源,解决农村燃料短缺和大量焚烧秸秆的矛盾,也解决了畜禽粪便污染问题。产物:沼气、沼液、沼渣。

(三)废弃物处理的蚯蚓技术

通过蚯蚓处理作物秸秆、动物粪便、污水处理厂污泥等,使废物资源化后再重新利用,例如利用蚯蚓进行秸秆堆肥、粪便堆肥、污泥堆肥等。

传统处理生活污水的方法主要是生物过滤器的方法,即污水首先通过水中微生物好氧和厌氧发酵处理,使其中的有机污染物降解转化,然后再经过过滤处理以达到水的净化的目的。它的缺点在于发酵处理要经过很长一段时间,而且分解的不完全,部分有机物沉淀还堵塞过滤器。所以针对以上的不足,近年来,在法国、智利发展了一项污水处理的新技术,主要是利用蚯蚓的活动实现滤池通气供氧和解决滤池堵塞问题。

目前,利用蚯蚓养殖处理有机废料已引起了世界上许多国家的重视,经过发酵的有机废物,通过蚯蚓的消化系统,能迅速分解、转化成为自身或其他生物易于利用的营养物质。在此过程中,蚯蚓能使有机废弃物均质、细碎,提高其微生物活性和腐殖化程度,从而使不稳定的有机质进一步氧化稳定。用蚯蚓处理的有机废弃物,不仅可以节约由于焚烧所要耗费的能源,而且经过蚯蚓处理过的有机废弃物还可以作为农田的肥料,使农作物增产。

第七章　生态的保护与修复

第一节　生态环境要素

生态环境要素是指与人类密切相关、影响人类生活和生产活动的各种自然力量（物质和能量）或作用的要素，包括动物、植物、微生物、土地、矿物、海洋、河流、阳光、大气、水分等天然物质要素，以及地表、地下各种建筑物、相关设施等人工物质要素。

一、水

水是生命的源泉，是地球上最常见的物质之一，地球表面水域面积约占地球表面积的 71％，地球也被称为"水球"。水是包括无机化合、人类在内所有生命生存的重要资源，也是生物体最重要的组成部分。我国的水资源利用率不足 50％，重复利用率仅为 20％左右，低效的水资源利用加剧了水资源的供需矛盾和严重浪费局面。从目前的发展情况来看，水污染仍然是威胁我国水资源可持续发展的重要因素，在未来的发展中，水资源生态防治仍然是相关从业者的首要任务。水资源生态防治，不仅包括水污染治理，还包括提高环境用水承载能力、水资源保护、节约用水等多个方面。

二、大气

大气是指在地球周围聚集的一层很厚的大气分子，称之为大气圈。

地球大气主要由氮气和氧气组成,氧气对人类至关重要。大气为地球生命的繁衍、人类的发展,提供了理想的环境,它的状态和变化,时时处处影响到人类的活动与生存。在太阳辐射、下垫面强迫作用和大气环流的共同作用下,形成的天气的长期综合情况称为气候。大气污染对大气物理状态的影响,主要是引起气候的异常变化。这种变化有时是很明显的,有时则以渐渐变化的形式发生,为一般人所难以觉察,但任其发展,后果有可能非常严重。

三、生物

生物最重要和基本的特征在于生物会进行新陈代谢及遗传两点。动物以有机物为食料,进行摄食、消化、吸收、呼吸、循环、排泄、感觉、运动和繁殖等生命活动。绿色植物能进行光合作用。微生物无所不在,是生态环境中不可缺少的要素。人类及其他生物共同居住在生物圈这个美丽家园中。生物圈包括大气圈的底部,水圈的大部和岩石圈的表面。生物圈是最大的生态系统,生态系统包括森林生态系统、淡水生态系统、湿地生态系统、海洋生态系统、城市生态系统、农田生态系统等。

四、阳光

阳光是太阳上的核反应发出的黑体辐射光,经很长的距离射向地球,再经大气层过滤后到地面,它的可见光谱段能量分布均匀,是最重要的自然光源。阳光可以使植物进行光合作用,把二氧化碳和水合成富能有机物,同时释放氧气,减缓温室效应。阳光是取之不尽用之不竭的能源,如何利用太阳能是人类发展过程中的重要问题。

五、矿物

矿物是由地质作用所形成的天然单质或化合物,具有一定化学组成的天然化合物,它具有稳定的相界面和结晶习性。由内部结晶习性决定了矿物的晶型和对称性；由化学键的性质决定了矿物的硬度、光泽和导电性质；由矿物的化学成分、结合的紧密度决定了矿物的颜色和比重等。

六、土地

土地是由地球表层的陆地部分及其一定幅度空间范围内的全部环境要素，包含地球特定地域表面及其以上和以下的大气、土壤与基础地质、水文与植物以及动物，还包含这一地域范围内过去和现在人类社会生产生活的种种结果，是地表某一地段包括地质、地貌、气候、水文、土壤、植被等多种自然要素在内的自然综合体。

第二节　农村生态环境现状

近年来我国的生态建设取得了一定进步，城乡的生态环境也有所改善，但由于农村生态具有自然的脆弱性、治理方式的有限性、生态事件的频繁性，传统的粗放式发展方式在农村十分普遍，环境污染、生态破坏依然广泛存在，农村工业带来的排污总量急剧上升，我国农村环境污染呈现不断恶化和多样化的趋势，农村生态环境现状存在以下三大问题。

一、农业面源污染

农业面源污染是发生在农业和农村区域、没有明确排污口、在农业生产和农村生活的过程中产生的污染物（COD、TN、TP），在降水或灌溉过程中，通过农田地标径流和农田排水等途径汇入地表水体引起的有机物或者氮、磷污染。农业产生的面源污染主要包括以下四种：

（一）农用化学肥料使用量持续增加造成的面源污染

根据 2019 年发布的《中国统计年鉴》中的数据得知，从 2005 年到 2018 年，我国农用化肥施用量从 4766 万吨增加到了 5653 万吨，增加了 887 万吨，增长 18.6%。2018 年农用化肥施用量 5653 万吨，平均每公顷施用量超过 340 千克，国际公认的化肥施用安全上限是 225 千克/公顷，与此相比，我国农用化肥施用量是此标准的 1.5 倍。而我国的化肥利用率仅为 30% 左右，70% 左右的氮肥、磷肥等流失到土壤中，对我国的土壤资源和水资源造成了较严重的污染。

（二）农药使用量大幅增长造成的面源污染

根据 2019 年发布的《中国统计年鉴》中的数据表得知，2004 年到 2013 年十年间农药使用情况一直在增长，从 128.6 万吨增加到了 180.77 万吨，增加了 52.17 万吨，而 2013 年的使用量达到最高值。为推进农业发展方式转变，实现农药减量控害，2015 年，农业部制定了《到 2020 年农药使用量零增长行动方案》。之后我国农药使用量逐年递减，到 2018 年我国农药使用商品量为 150.36 万吨，依然处于较高水平。并且由于农村缺乏有效且完善的回收机制，农药包装物随意丢弃的现象在农村较为严重，而农药包装物中残留的农药量占总重量的 2%～5%，这些都对我国农村生态环境造成了严重危害。

（三）农膜使用量的快速增长造成的面源污染

农膜具有保持温度、湿度、提升温度的作用，有利于农作物的生长，因此农膜在种植业中被大面积的推广使用。根据有关数据表明，我国 1997 年农膜使用量为 116.2 万吨，到 2017 年农膜使用量为 252.8 万吨，增加了 136.6 万吨，增长 117.6%。由于农膜的土壤残留率较高，会破坏土壤的结构，导致土壤次生盐碱化，影响水分的渗透，因此会造成大量"白色污染"，阻碍农业农村的绿色发展。

（四）规模化养殖排放量大造成的面源污染

据 2020 年中华人民共和国生态环境部、国家统计局、中华人民共和国农业农村部发布的《第二次全国污染源普查公报》数据表明,2017年畜禽养殖业水污染物排放量中,化学需氧量1000.53万吨,氨氮11.09万吨,总氮59.63万吨,总磷11.97万吨。其中,畜禽规模养殖场水污染物排放量中,化学需氧量604.83万吨,氨氮7.50万吨,总氮37.00万吨,总磷8.04万吨。水产养殖业水污染物排放量中,化学需氧量66.60万吨,氨氮2.23万吨,总氮9.91万吨,总磷1.61万吨,这些污染物的排放造成了水体富营养化。

二、农村工业污染

农村工业污染也是造成生态环境污染的重要原因之一。随着我国工业化的迅猛发展,农村地区的生态环境污染问题也越来越突出。由于部分乡镇企业,未完善废弃物的处理设施,将生产过程中产生的未经处理的污水、废气不断向外排放,当地以及周围地区的生态环境遭到了较严重的破坏。国家统计局数据显示,全国工业固体废弃物产生量增长趋势明显,呈直线上升。因此,应加快完善政府和企业协同治理污染的机制,推进产业结构的调整,实现工业的绿色转型发展,改善生态环境。

三、农民生活污染

虽然在城市化进程推进等因素的影响下,农村人口数量大幅减少,但是从农村垃圾的产生量看,总量却在不断增加,人均农村垃圾产生量表现为大幅增加的趋势。据统计,2012年我国农村垃圾的产生量为46.26亿吨,至2017年农村垃圾产生量为50.09亿吨,由此可见,人均垃圾的产生量大幅增加。而由于自来水的普及,洗衣机、淋浴等生活设施不断被引入农村家庭中,导致了农村生活使用污水量的增加。种种因素合力下,我国农村污水排放量体量惊人。2017年,我国农村污水排放量约为214亿吨,较上年增加12亿吨。根据数据得知,2018年,农村污水排放量大约为230亿吨,同比增长7.5%。这些用水都较为分散,随着雨水冲刷,进入地表径流、湖沼、沟渠、池塘、水库等地表水体、土壤水和地下水体,对生态环境造成了严重污染。

第三节　农村生态体系保护

一、农村生态体系保护的内容

关于农村生态体系保护,目前理论界较少有这方面的定义,大多以畜禽粪便污染整治、污水、固体废弃物整治、土壤污染整治和提高村庄绿化水平为其主要内容。本书认为这样理解有些不全面,应从更为广泛的意义上去理解。所谓农村生态环境保护就是坚持以科学发展观为指导,按照全面建设社会主义新农村的要求,以保护农村环境和提高农民生活质量为目标的环境治理与建设系统工程。不仅包括对已经污染的环境进行治理与改造,还包括现有环境的建设与规划。农村环境综合整治包括社区环境、农业生态环境和自然生态环境的治理与建设。社区环境治理与建设是指对固体废弃物实行垃圾分类回收、提高资源利用效率、用生物塘等方法处理生活污水,建设生态厕所及雨水收集再利用系统。

农业生态环境治理与建设是指要加强农田基本建设(农田林网、道路、节水灌溉设施);提高生产资料、资源的利用率,采用新技术新品种,减少化肥、农药用量,推广节水农业,保护农业生态环境;农业废弃物做到资源化利用,进行秸秆还田、堆肥、气化、实用菌生产等,畜禽粪便生产沼气、利用有机肥替代化肥,以可降解农膜代替不可降解农膜。

自然生态环境治理与建设包括自然资源管理,退化生态恢复及生物多样性保护。社区环境治理与建设是农村环境综合整治的基础阶段,投资周期短,见效快,农民可以直接感受到。农业生态环境治理与建设是农民在农业生产环节中渗透环境伦理,进行"资源节约化,生产清洁化,废弃物无害化处理"的生产模式,是可持续发展理念在生产中的体现。自然生态环境治理与建设是环境综合整治的高层次阶段,政府决策部门应从长计议,在更大范围内对保持自然生态环境的平衡发展做出相应的环保举措,不仅考虑到同代人,还要考虑后代人;不仅考虑同一地区,还要考虑到其他国家和地区,甚至整个地球,人们在较长时间后才能感受它给人类带来的福音,也是持久惠及人类的环保举措。

二、农村生态体系保护的必要

由于近年来我国重点发展农村经济,农村生态环境发展没有得到应有的重视,致使农村生态环境破坏问题比较严重,生态环境的功能性显著降低,水土流失等问题愈加严重,如果这些问题得不到有效的解决,必将形成恶性循环,给农村整体发展带来难以估量的损失。农药滥用已经让我国农村超过一亿亩田地受到污染,有将近三千五百万亩土地曾经使用污水灌溉,大量的固态废弃物堆积在农田里长时间得不到处理。数据显示,我国有 1/10 的土地都被污染,给国家造成了巨大的经济损失,也给农民的经济收入带来了不利影响。生态环境被破坏,植物保持水土的功能无法发挥,土地贫瘠现象比较严重,再加上部分地区在干旱季节时常出现河流断流现象,导致农民收成显著减少。人工种植草坪的速度远不及草地退化的速度,生态多样性遭到打击。

自然灾害可能给农村生态环境带来严重打击,诸如地震、泥石流、沙尘暴等都会产生较为明显的危害。酸雨会导致树木和草地被腐蚀,严重的病虫害会影响植物的正常生长,洪涝干旱灾害给我国农村经济带来的损失每年都高达一百亿以上。草场和耕地缺水,粮食作物严重减产,农村居民和家禽也面临着饮水困难的问题。

一直以来,农村生态环境保护都是执法薄弱环节,缺乏足够的管理人员是主要原因。虽然农村生态环境保护正逐渐得到重视,环保部门和当地政府都加大力度进行环境保护,但是由于管理人员缺乏、技术水平不足等原因,农村生态环境改善比较有限,因此建立生态环境保护标准体系是保障生态环境健康发展的关键。2013 年我国提出建设美丽乡村的目标,农村生态环境建设被提上日程,但是由于缺乏管理方面的经验和相应的标准,开展环境改善工作困难较大,建立环境保护标准体系,能够保障环保工作有法可依,有完善的制度可以遵循。虽然近年来我国针对环境保护问题出台了很多方针政策,但是与农村生态环境保护有关的并不多,老旧的标准制度无法满足建设美丽新农村的需要,建立生态环境保护标准体系是大势所趋。

第四节 乡村环境整治的生态建设

一、乡村生态环境整治

建设社会主义新农村是我国现代化进程中的重大历史任务,是贯彻落实科学发展观、全面建设小康社会、加快推进现代化的重大战略步骤,集中体现了广大农民群众的共同意愿和根本利益。实施以生态建设为主的发展战略,协调推进乡村环境整治是追求人与自然和谐的重大举措。

森林是陆地生态系统的主体,建立以森林植被为主体、林草结合的国土生态安全体系是建设山川秀美的生态文明社会的重要手段。乡村林网建设是集经济、生态、社会三大效益为一体的农林复合生态体系,是把林业可持续发展与农业产业结构调整相互联结的一种模式,是改善农村生态环境、增强农业发展后劲的基础生态工程。乡村四旁绿化为推进新农村的建设提供了环境基础条件,在提高农村广大农民的文化素质修养中起着非常重要的作用,是加快社会主义建设,实现小康社会的动力源泉。乡村庭园生态经济则是整合乡村资源优势,摆脱农业困境,与市场接轨的有效途径。加快乡村林网建设、乡村四旁绿化以及乡村庭院生态经济的建设是社会主义新农村可持续发展的迫切要求。

二、建设生态农村的对策及措施

十八届三中全会要求全面推进包括生态文明建设在内的五位一体的社会主义现代化建设。要求加快生态文明的制度建设,通过生态治理的方法改善生态环境,突出了当前生态治理在国家治理中的重要性,但我们必须清楚认识生态治理与乡村治理的关系。生态治理是人与自然和谐共处的过程,要求人类在追求自我发展的同时,必须考虑自然的承受能力。生态治理宏观上讲是我国五位一体发展战略的一部分,微观上讲是乡村治理的一方面。乡村治理是乡村多元主体对乡村公共事务共同进行协商及共同治理的过程,治理主体是多元的,治理内容是全方位的,治理目标具有综合性。就治理内容而言,乡村治理包括乡村经济建设、民主治理、文化治理和生态治理等等。也就是说,生态农村的建设是乡村治理不可分割的一部分,但生态治理又不能代替乡村治理。

抓好农村环境保护和农村生态建设已经成为当前农村建设中的重中之重,做好这项工作必须抓住建设生态农村这一关键,因为生态农村建设是以改善生产、生活环境为主的农村发展规划,是实现农村人与自然、资源可持续利用的关键。对此,应从以下几个方面做好农村的生态环境保护工作,推进农村生态建设。

(一)政府应加强农村生态保护和完善相关环保法律

生态环境保护本身是政府公共服务的一部分,属于责任主体难以判别或责任主体太多,具有很强的公益性,属于没有投资回报或回报率较小的领域,政府必须发挥主导作用。但政府主导并不是要包揽一切,而是把主要精力放在制定科学政策和法律、优化资源配置、做好公共服务上,工作的重点是引导和服务农民群众,营造一个良好的政策环境。也就是说,政府必须站在全局和战略的高度,充分认识生态伦理建设的必要性、紧迫性和艰巨性。政府要加强生态伦理建设的法律制度体系建设,通过政策导向、法律制约、宏观管理,引导市场朝有利于生态环境保护的方向发展。各政府部门、企事业单位,必须严格执行水污染防治、水资源利用、农药安全使用、土壤环境质量监测等有关环境保护的法律法规。抓紧制定农村土壤污染治理、养殖业污染防治、农村环境保护、饮用水水源污染防治等法律法规与标准,出台有利于高效集约化产业发展及限制高能耗、重污染、低效益的产业发展的法规和政策。

(二)运用科技来改善农村生态环境

科学技术是加强可持续发展及生态环境建设,实现农业经济发展,提高农业产量和质量最为直接有力的支撑。要创新科技服务观念,拓展科技服务内容,深化科技体制改革,开展环境测评、监控和环保处理。

一方面,拓展科技服务内容,深化科技体制改革。绿色农业的发展模式已经成为当前乃至未来农业发展的主要趋势,也是我国农业发展不可阻挡的趋势。因此,必须大力推动高新农业技术;发展节能技术,利用绿色能源减少环境污染;开展绿化植物研究,在绿化工程中广泛种植适应性强、绿化效果好的植物;开发可降解、可回收一次性用品,提高废物利用率;研究生物多样性规律,保障地球能量等大循环;大力运用先进的环保技术,提高工业的资源利用效率、减少交通运输业的污染;对地表水、大气污染进行治理;利用生物肥料,保护耕地。加大运用现代科学技术改造传统农业的力度,大力发展循环经济,倡导和推行生态农业;鼓励农科教机构和社会力量参与多元化的农技推广服务,提高农业增长的质量和效益。

另一方面,借助科技手段加强环境监控、测评和处理,对农村生产、生活环境现状进行客观详尽的测评,对农村生态环境污染的程度、类别等进行详细测定,为采取针对性措施提供科学依据。而新环保处理技术的应用则有利于提高对农村垃圾、水污染、土壤污染等的处理能力,为维护和整治农村生态环境提供技术保障。

(三)合理配置农村生态资源

首先,一切措施要以生态安全为基础,着力抓好退耕退牧还林还湖还草和天然林保护、林业生态圈等重点工程,处理好资源保护和经济发展的关系,在发展经济的同时最大限度地减少农业污染。努力实现乡镇工业集约化,采取切实措施防止生活污水和固体废弃物直接进入河道等水域。利用先进科学技术实现废弃资源再利用,全面做好污染物的处理。

其次,要加强对耕地资源的保护和利用,避免耕地资源进一步退化,守好我国的耕地红线,切实保护好山体水系和植被,搞好农村沟渠及道路两旁的绿化。加快病险水库除险加固,加强河堤防护,做好相关绿化工作,防止水土资源流失;大力发展集约型农业,大力推广秸秆还田的农业种植方式,制止焚烧秸秆的行为,鼓励秸秆和畜禽排泄物有机肥的综合利用。在农村积极推广沼气、秸秆化、太阳能、风能等清洁能源技术,从根本上改善农业生态环境和农村环境。要注重提高农业投入品利用效率,合理地使用各种生产要素,提高资源使用效率,坚决遏制农村生态环境进一步恶化。

最后,要引导农村产业结构升级,要因地制宜地发展绿色生态农业和旅游观光农业,利用农村的地域特色发展旅游、居住一体的旅游庭院,延长生态旅游业的产业链。同时向游客宣传生态文明,倡导绿色消费,保护旅游资源与生物多样性。大力开拓非农产业,引导农村劳动力向第二、第三产业转移,特别是吸收劳动力数量较多的服务业,减轻农民对土地的依赖性。在绿色、有机农产品生产上做文章,加快建设农业科技示范园、生态农业园、农业产业园等。

（四）多方筹资，加大农村生态建设投入

要坚持"谁污染、谁付费，谁受益、谁负担，谁开发、谁保护"的原则，从政府、社会、个人等多渠道筹集建设资金，保证稳定充足的环保资金投入网。首先，政府部门应该不断提高关于农村生态环境建设的支出，利用财税、金融等杠杆对农村生态建设给予支持，并优先纳入国民经济社会发展规划和新农村建设规划中。加大国家财政对农村集约化产业和节能改造的支出，对一些资源节约型和环境友好型的重大工程和产业化示范项目给予直接投资或贷款贴息等优惠政策。积极发展农村生态资源的市场化和探索生态环境补偿办法，加大对生态良好地区的财政转移支付力度。其次，在资金方面要鼓励社会资金对农村生态建设的投入，着重运用市场化的力量建立和完善政府引导、企业推进、公众参与的多元化投入机制。加大对农村地区环保服务的投入，建立专业的保洁队伍；在农村设置环保机构，强化对农村环境的直接监管；加大对农业监测能力建设的投入和覆盖，对农业环境进行预防预警；加大对农村环境基础设施建设的投入，提高农村生活污水、垃圾等污染物的处置能力；重视加大新农村生态建设的科技投入，加大对科研的投资力度，研发出新的环保无机产品或对土地生态危害小的产品来取代目前所使用的农药化肥；努力突破发展农村循环经济和生态环保产业的技术瓶颈，提升农业生产技术和装备水平，要最大限度地运用先进技术解决农村的生态环境问题，为新农村生态建设提供强大的技术支撑不断提高农民的环境保护意识。

当前我国农民科学文化素质较低，从整体上影响着广大农民的生产观、环境观和发展观。因此，政府需要加大对农村环境保护宣教活动的投入，有计划、有侧重地加大农村环境宣教活动的力度和提高宣传活动的效率。

农闲期间，政府要对农民开展病虫害防治、先进生产技术的培训，帮助农民提高生产效率和环境意识。通过文艺活动、表彰等方式发展农村文化事业,丰富农民精神文化生活,不断激发广大农民群众参与农村生态建设的积极性;要把生态文明纳入农村建设的总体规划之中,加强对农村文化设施的投入。同时,要优化人口结构,提高人口素质,继续实施计划生育政策,保持人口的合理增长。

第五节　生态环境污染的防控措施

一、面源污染防控措施

防控面源污染应通过源头控制和过程拦截两方面进行,利用政府补贴、生态补偿等经济手段鼓励农户和农业企业提高环保意识。

(一)科学施用化肥和农药

通过推广测土配方施肥技术、精准施肥技术,减少化肥用量、提高肥料利用率,减少养分流失对环境的污染。推广农作物病虫综合防治技术、精准施药技术、高效低毒低残留农药,开展以虫治虫、以菌治菌等生物防治,采取诱杀等农业防治措施,尽量减少农药使用量。

(二)严格控制畜禽养殖污染

大力推行生态养殖模式,鼓励对畜禽粪便实行综合利用,做到减量化、无害化、资源化。根据环境承受力控制养殖规模,设立禁养区、限养区和非限养区,对新建、改建养殖设施实施"三同时"和排污许可制度。

(三)加强农业废弃物无害化处理

因地制宜抓好农村生活污水和垃圾处理,建设必要的污水和垃圾处理设施,做到达标排放。积极发展规模化畜禽养殖场沼气工程,加快沼气发电、垃圾焚烧发电工程建设,采用好氧发酵工艺,利用固体粪便生产有机肥。

（四）推进科技进步，加强宣传教育

农业面源污染问题由来已久，加强农业面源污染科学研究，创新治理技术、培养和锻炼科技创新人才，为解决农业面源污染提供技术和人才保障。加强对农民的培训，使农民认识到农业面源污染的危害，提高环保意识。

（五）加大资金投入，提供政策保障

农业面源污染直接关系到人们身体健康甚至生命，政府要加大资金投入，保证重点工作的顺利进行。建立和完善监测体系，强化农业环境和产品质量的监测及完善法律法规，依法控制和减少农业面源污染。

二、大气污染防控措施

大气污染防控应该从源头抓起，治理污染源是防控大气污染危害的根本措施。

（一）控制污染源

合理布局工农业生产，加快调整能源结构，推广使用清洁能源。改革生产工艺，对废气进行回收处理，综合利用。健全国家监察、地方监管、单位负责的环境监管体制，完善大气污染物排放标准。

（二）绿化造林

植物可以过滤各种有毒有害大气污染物、净化空气。绿色植物可以调节空气中的氧气和二氧化碳，吸收大气中的有毒成分，有些植物还具有杀菌作用。因此，加强植物绿化，既可美化环境，又能调节气候，阻挡、滤除和吸附灰尘，吸收大气中的有害气体。

三、水体污染防控措施

（一）减少和消除污染物排放的废水量

采用先进工艺，减少甚至不排废水，降低有毒废水毒性；尽量采用重复用水及循环用水系统,使废水排放减至最少或将生产废水经适当处理后循环利用。

(二)全面规划,合理布局,进行区域性综合治理

制定区域规划、城市建设、工业区规划时都要考虑水体污染问题,对可能出现的水体污染,要采取预防措施。对水体污染源进行全面规划和综合治理,杜绝工业废水和城市污水任意排放,规定标准。

(三)加强监测管理,制定法律和控制标准

设立国家级、地方级的环境保护管理机构,执行有关环保法律和控制标准,协调和监督各部门和工厂保护环境、保护水源。颁布有关法规、制定保护水体、控制和管理水体污染的具体条例。

四、土壤污染防控措施

土壤污染防治应按照"预防为主"的环保方针,控制和消除土壤污染源,采取有效措施,清除土壤污染物,控制土壤污染物的迁移转化,改善农村生态环境,提高农作物产量和品质。

(一)科学污水灌溉

工业废水种类繁多,成分复杂,在利用废水农溉之前,应按照《农田灌溉水质标准》进行净化处理,既利用污水,又避免土壤污染。

(二)合理使用农药

控制化学农药用量、使用范围、喷施次数和喷施时间,提高喷洒技术。改进农药剂型,严格限制剧毒、高残留农药的使用,重视低毒、低残留农药的开发与生产。

(三)科学施肥

增施有机肥,提高土壤有机质含量,可增强土壤胶体对重金属和农药的吸附能力。根据土壤特性、作物需肥特点和肥料特性,合理施用化肥,做到有机无机配合施用。

（四）施用化学改良剂

针对土壤污染物种类，施加抑制剂改变污染物质在土壤中的迁移转化方向，减少作物的吸收，提高土壤的 pH，促使镉、汞、铜、锌等形成氢氧化物沉淀。种植有较强吸收力的植物，降低有毒物质的含量；或通过生物降解净化土壤。

五、农药污染防控措施

（一）加强监测预警

建立健全各级植保网络体系，提高病虫害测报准确率。采用先进监测仪器和数据采集设备，提高病虫灾害监测预警水平和防治指导公共服务能力。强化病虫预警和防治信息的发布与监管，充分利用电视、网络和手机等信息平台，及时指导农民适时防治病虫害。

（二）加快新农药、新药械、新技术的研发和推广

严格控制高毒、高残留、高污染农药的生产和销售，不断筛选出高效、低毒、低残留农药、生物农药等对环境友好型农药。加快施药器械的更新换代，改进施药技术，提高农药利用率。加大绿色植保技术推广，综合应用包括农业、生态、物理等非化学防控技术，减少化学农药使用量。

（三）推进植保统防统治

鼓励支持农民专业合作社、涉农企业和基层农技组织等开展多元化、社会化植保服务。开展植保专业化统防统治，积极探索统防统治整建制推进，优先扶持组织规范化、服务规模化、技术标准化的植保组织，扩大服务规模，提高服务能力。

（四）加强农药管理

严格按照《中华人民共和国农药管理条例》等规定，加强农药生产、经营和使用的市场监管力度，推进农药管理的法制化和规范化，健全农药管理机构，加强人员培训，提高管理队伍水平等。

第八章　乡村人居环境管理机制

第一节　国外农业农村生态环境景观管护制度

一、欧盟农业农村

欧盟共同农业政策是欧盟农业政策的核心。从 1962 年实施至今经历了三个阶段的改革,特别是 2000 年《农村发展条例》,实现了从农业生产支持到农业环境控制,再到乡村综合发展和生态景观建设支持的转变,开始重视乡村发展的多功能性,加强乡村生态环境保护和建设、生物多样性保护、水资源管理、乡村景观保护和提升以及应对气候变化。2005 年欧盟又制定了更为严格的乡村发展计划(2007-2013),主要包括四个方面的发展战略:

提高农业林业的竞争力,包括职业和年轻农民培训、信息化和推广咨询、现代化农业控股、提高林地的经济价值、提高农林业产品的价值、合作开发新产品、农林牧基础设施、恢复农业生产潜力、注重食品安全、培育生产者团队;

农业农村生态环境和景观建设,包括农业环境污染控制、生物多样性保护、乡村景观保护和提升、退化生态系统修复、农林业发展、传统农场的维护和管理、动物福利等;

提高乡村经济多样化和生活质量,包括促进农民非农活动的多样化、鼓励乡村旅游的发展、进行乡村人居环境改造等;

为支持以上三个方面实施而专门规定的管理制度,可理解为一个地方行动小组实施自下而上的地方发展战略。

欧盟在生态环境景观管护制度有两个比较大的特点。

一是涵盖面广、指标详细。包含了农田、林地、草地、历史遗产以及自然资源保护等项目,并制定了每项工程技术的实施标准、资金补贴分值和验收标准。例如,英国先后提出四个级别的环境管护制度,每个级别的管理涉及多项技术,如入门管理包括50多种生态景观管护工程技术措施;高级管护针对生物多样性保护、乡村景观建设,制定了100多项工程技术,并且同一工程技术体系下,针对不同情况还提出了更具体的工程技术措施,如湿地管理包括湿地修复、湿地重建、湿地维护等。

二是构建了以农户为主体的补贴政策。农民或是乡村集体可以自由选择计划开展哪些生态环境和景观管护措施,当总体补贴分值达到一定标准后,农户可以提交申请,以图和表的形式说明在哪些地方实施什么类型的生态环境和景观管护措施、执行时间以及资金补贴总额。参与环境管护的农户需遵守合同规定,接受监督检查,如果出现违约情况,将会受到严格的惩罚。

这些措施的资金由欧盟和成员国共同承担,成员国承担的比例在50%到75%之间。欧盟2002年在农业环境措施方面的花费近20亿欧元,约五分之一的农业用地被该措施所覆盖。经过2003年的改革,欧盟的出资比例更是提高到了60%到85%之间。

二、美国农业农村

自20世纪30年代起,土壤侵蚀、水土保持、耕地保护一直是美国农业政策的重点。1985年美国国会修改了"农业法",并通过了《食品安全法案》,正式启动土地保护项目,针对高度侵蚀区域实行休耕制度,之后逐步扩展到自然资源保护、生态环境保护、水土污染控制、生物多样性保护、乡村景观建设和休闲旅游。1994年土壤保护服务局改名为自然资源保护服务局,开始重点关注农村环境的改善。美国农业部农场管理局负责项目的具体实施,农业部自然资源保护服务局提供技术支持,农业部商品信贷公司提供资金支持。各州县成立了田间技术咨询处负责提供技术指导。目前大约有8000名技术人员参与自然资源保护项目。美国提出的自然和农业保护工程技术标准,包括60多个项目,内容非常广泛和翔实。美国农村生态环境管护政策的特点在于全美都遵循了一套环境管护制度,而每个州、每个地区都针对自身的地理环境条件在上级工程措施的基础上为当地量身定制了更为详细的措施。

在美国环境管理领域,不得不提的是美国环境保护署(EPA),它是美国联邦政府于1970年正式成立的一家独立执行机构,由17个部门和10个区域办公室以及分布在全国的17个实验室组成,能够独立立法并直接向美国总统汇报。EPA负责组织和指导州环境机构开展工作和环保行动,并与区域办公室合作,通过市场经济手段激励各州政府积极解决环境问题。在地方层面,美国各州都设有州一级的环境质量委员会和环境保护局,形成与中央一致的环境保护行政领导体系。可以说,EPA独立的环境保护执法权是美国环境保护体制的主要特征之一,也是美国环境保护取得显著成效的保障。

在EPA的领导下,美国的保护政策措施呈现出多层次化,整体上以立法为基础,以行政措施为主导,辅之以一定的经济手段。而环境保护政策的主要形式包括:直接的行政管理、资源管理,以及责任赔偿制、污染税制、津贴制,还有增加政府对环境保护经费的投入,完善环境法律体系,加强环境管理的研究,执行战略环评制度、污染法律责任保险、排污许可证制度、排污权交易制度等。其中,美国的战略环境影响评价制度详细规定了责任者、支持者、监督者和其他环境相关者的权利、责任和义务,为战略环境影响评价的顺利实施提供了保障;污染法律责任保险不仅体现了污染者的责任,又解决了修复、治理环境污染资金不足的问题。

三、日本农业农村

20世纪70年代以后,随着国民环境意识的增强以及由近代集约型农业生产方式带来的环境污染和农产品安全问题的逐渐显现,日本政府开始倡导发展循环型农业,发挥农业所具有的物质循环功能。1992年,农林水产省发布了《新的食品、农业、农村政策方向》(通称"新政策"),首次正式提出"环境保全型农业"的概念。环境保全型农业兼顾农业生产率的提高和减少化肥、农药等农业化学品对环境的负荷,因此也被称为"可持续性农业"。

实践当中,日本主要是通过"减量化、再生化、有机化"措施来完成环境保全型农业的目标。一是农业化学品减量化,主要是利用已有技术在保证单产、品质不下降的情况下,通过减少农业生产过程中化肥和农药的使用量,减少化学污染物排放量及食品有毒物质残留量;二是资源再生化,主要是对畜禽粪便、作物秸秆等有机资源和废弃物的再生利用,减轻环境负荷,防止土壤、水体、空气等环境污染问题的发生;三是农业生产有机化,即通过采用轮作、土壤改良及降低土壤消耗等技术,利用植物、动物的自然规律进行农业生产,避免使用化学合成农药、化肥、生长调节剂、饲料添加剂等农业化学物质。为确保上述目标的实现,日本政府从法律制度、技术研发、政策扶持等方面入手,建立和完善了农业环境政策的推进体系。

日本政府以建立生态农户为载体,从政策、贷款、税收上给予支持,以提高生态农户经济效益和社会地位。专门设计了"生态农户"标志,凡"生态农户"在对外宣传或使用的农产品包装物上均可使用上述标志。生态农户的认定标准为:拥有0.3公顷以上耕地、年收入50万日元以上的农户,经本人申请,并附环境保全型农业生产实施方案,报农林水产县行政主管部门审查后,再报农林水产省审定,将合格的申请者确定为生态农户,银行对这些农户可提供额度不等的无息贷款,贷款时间最长可达 12 年。在购置农业基本建设设施上,政府或农业协会可提供 50% 的资金扶持,第一年在税收上可减免 7%～30%,以后的 2～3 年内还可酌情减免税收。另外,对有一定生产规模和技术水平高、经营效益好的生态农户,政府和有关部门可将其作为农民技术培训基地、有机农产品的示范基地、生态农业观光旅游基地,以提高为社会服务的综合功能。在政府的扶持下,"生态农户"数量迅速由 2000 年的 12 户增长到 2010 年的 20 万户。

第二节　加强我国乡村生态人居环境管理机制

一、环境设施的建设与监管机制

(一)规范处置生活垃圾

逐步建立垃圾分类、定时收集、清运管理机制。县政府所在地周边的镇村垃圾,严格实行"户分类、村收集、镇转运、县处理",统一收集至县垃圾填埋场处理。其余镇村垃圾实行"户分类、组收集、村转运、镇处理",全县统一规划建设镇垃圾填埋场,由镇政府负责日常管理与维护,或实施第三方运营。

(二)规范处理生活污水

按照常驻城镇人口在 5 万人以上镇办所在地(日产生污水处理量 5000 吨以上),可以建设污水处理厂,管网收集集中处理;常住人口在 5 万人以下的人口集中区实行管网收集,一体化设备、微动力设施或人工湿地集中处理;对管网无法覆盖的相对集中区域,通过建沼气池、改水、改厨、改厕、改圈,使厨房污水、人畜粪便进入沼气池达到无害化处理;对居住相对分散的村,通过三级化粪池、氧化塘等分散式污水处理设施处理,从根本上消除生活污水未经处理直接排放,最大限度地保护农村环境。

（三）规范保护农村饮用水源

坚决取缔农村饮用水源保护区内的排污口,搬迁饮用水源保护区内的畜禽养殖点,清理饮用水源保护区内的垃圾、杂物,对饮用水源保护区划界立标,做到三牌(宣传牌、标志牌、警示牌)、一网(防护隔离网)、一桩(区划界桩)齐全,标识统一,醒目规范,确保农村饮用水源地安全。

（四）规范防治畜禽养殖污染

严格对畜禽养殖粪便进行干湿分离,综合利用,无害化处理。加快固液分离、发展沼气、生产有机肥和无害化畜禽粪便还田等工程建设,强化畜禽养殖小区及畜禽散养密集区的污染防治。

二、执法监管机制

（一）加强制度建设

建立健全镇办、村(社区)环境检查评比等日常工作制度,制定环境违法行为处罚操作规程,建立环境违法举报奖励制度、处罚制度、信息公开制度等,逐步建立和推行垃圾分类、定时收集、清运管理制度。

（二）加大综合执法

坚持"部门协调配合、各方联合行动"的原则,条块联动、专兼结合、各司其职、各负其责,形成环保、农业、水务、城管及镇办责任明确、奖罚分明、高效权威的综合执法监管机制。

（三）推行自治管理

积极推行村(社区)居民自治管理实践,制定乡规民约、村民公约,将环境保护责任落实到村社干部,细化到村民院落、背街小巷、社区楼宇、街道路段。实行镇办干部包村(社区)、村(社区)干部包片、清扫人员包路段、监督人员包户,联效联薪、奖惩挂钩的管理模式,形成齐抓共管的工作格局。

（四）推进河长制度

各镇办和县环保部门是辖区河流水环境保护治理的责任主体,也是农村环境综合整治的责任主体。各级"河长"不仅要保障辖区河流水质,也要组织开展农村环境整治,确保辖区农村环境干净整洁。

三、创新管理机制

（一）全面实行环境网格化监督管理体系

全面推行环境网格化监管体系建设,建立县、镇办、村（社区）三级"网格化"管理,夯实农村环境保护工作基础。

（二）建立完善环境问题监管台帐

县环保局对上级督查、媒体曝光、群众投诉、自行检查所发现的环境问题,要建立环境日常监管台帐,限期整改,限期销号。

（三）建立多元化污水垃圾管理模式

积极开展公司化运作模式探索,加快推行第三方运营试点,逐步实现污水垃圾处理多元化、市场化经营管理。

（四）实施典型带动示范引领

注重培养好的典型,树立样板,典型引路,召开现场会、推进会,表彰奖励,抓点带面,推进工作。

（五）坚持常态化明查暗访

建立每月对各镇办农村环境常态化明查暗访机制,并将明查暗访评比结果纳入年度考核。建立通报制度,及时督促整改,严肃追究问责,实现明察暗访工作的规范化、常态化。

四、投入保障机制

（一）加大资金投入

县财政要将全县农村环境综合整治工作经费和镇办、村（社区）环保工作人员经费列入财政预算,保障全县三级环境监管工作正常运转。将财政收入资金的 0.5% 设立农村生态环境保护支持资金,主要用于农村环境保护基础设施建设、运行维护、管理机构运转、环境宣传教育、环境监测等。

（二）推行污水垃圾收费

按照"污染者付费"的原则,积极探索镇办、村(社区)污水垃圾收费制度,逐步建立住户付费、村集体补贴、财政补助相结合的机制,引导村民村集体出资出力承担一定的生活垃圾日常保洁义务,从根本上解决责任落实难、收集处置难的问题。

（三）鼓励社会投入

有效整合交通、农业、扶贫、水务等涉农部门项目,加快农村环境基础设施建设。并坚持"谁投资、谁建设、谁管理、谁受益"原则,鼓励社会资本参与农村生活污水、垃圾等基础设施建设,鼓励采取政府与社会资本合作等方式将农村生活污水、垃圾中的经营性项目推向市场,进一步拓宽农村环境综合整治投入渠道。

五、工作监督机制

（一）强化舆论监督

在柞水电视台、政府门户网站设立专栏,对农村环境综合整治情况进行定期通报和曝光。县农村环境综合整治办公室建立健全曝光通报记录档案,纳入年终考核。被新闻媒体曝光的反面典型,责任镇办要向县政府作出书面检查,并限期整改。

（二）强化群众监督

县农村环境综合整治领导小组办公室设立举报电话,动员社会力量参与农村环境综合整治的监督,对群众通过电话、信函举报的问题,督促镇办及相关部门深入调查,积极整改,并在 15 日内给予回复。对群众反映强烈、长期得不到解决的问题,责成涉及的单位主要负责人深入现场,认真研究,限期解决。

（三）强化测评监督

县农村环境综合整治工作领导小组办公室每季度对农村环境综合整治工作情况进行测评调查，将每次测评结果对外公布，并将结果纳入部门、镇办年度目标考核。

第九章　国外生态宜居乡村典型案例

第一节　美国美丽乡村

乡村建设需要农业发展作为经济支撑，而农业的稳健发展需要相关农业政策和法律来保障。美国无论是生产力水平还是农业生产方式都处于世界发达行列，其农业法规也十分完善。美国农业部早在1862年就明确定位农业在国家经济中的地位，即"农业是制造业和商业的基础"，并于1980年颁布乡村发展法案，开始执行乡村发展计划。该发展计划一方面借用社会的经济力量来资助乡村的建设，并改善贫困乡村居民的日常生活；另一方面把市场当作支持乡村经济发展的基础。乡村发展计划几乎包括了乡村建设的各行各业，涵盖内容相当广泛，包括自然资源的保护、居民区的建设、污水废水处理、乡村的发电供电、给水排水工程等。该计划主要是通过提供拨款、贷款、开展研发和技术支持等手段来支持乡村的建设和经济发展。

一、草原穿越生态村建设

草原穿越生态村位于美国芝加哥北部，经过建设者的精心营造，贫困简陋村庄变成了现代化的美丽乡村。在三十多年前，村庄大部分农田以种植大豆和玉米为主，小部分农田则被浇筑为硬质水泥地面，村民居住在面积较小的土地范围内，生活条件较为糟糕，同时村庄缺少完备的基础设施建设，对于雨水等乡村资源的利用率也很低，生态效益并不理想。在经过一系列的景观规划设计和生态保护后,草原穿越生态村逐渐成为土地保护计划的辐射中心,向周围几千英亩的生态系统发挥其影响力。草原穿越生态村建设经验主要有以下几点:

(一)坚持生态保护原则

环境保护理念是重新规划设计草原穿越生态村的重要思想。在植物配置方面,村庄居民利用乡土树种和湿地植物,将草坪取而代之,这样做的好处是既减少了化学农药对环境的污染,又让村庄散发出特有的乡野气息。同时,村民将自然洼地和人工湖相结合,使其完美融合成为一个整体,营造了净水效果好、功能完善且储水能力强的水体系统,让景观建设与生态保护达到有机统一。该水体系统将收集天然雨水,然后将其运送到草原,通过过滤和存留之后再送达湿地、水塘或者人工湖。这一水体系统能够在一定程度上减少雨水流失,提高雨水利用率,并且还能够起到保护、修复具有一定净化能力的湿地。不仅如此,当地许多村民善于利用乡土植物和湿地植物的生长特性,在自己家的院子里精心打造出完全生态化的"水庭院"。从景观效益上来说,水景观的设计让村庄环境变得更加优美宜居,村民们的生活质量也因此得到了大幅提升。

(二)重视景观特色保护

随着工业化进程的加快,草原作为稀有资源将越来越少,一些自然环境保护人士借助社会其他力量,共同买下了这片村庄的土地。为了能够有效地保护这片土地,他们重新确定村庄的整体定位,并重新设计了这片土地,对当地的景观进行精细的规划,改变了原有的交通路线。在精心的设计下,该村庄变成了一个美丽、整洁的乡村。在最初进行规划时,设计者面临着乡村景观可能遭到破坏的问题,因此,他们调整了各种车辆出入的方向,而且新建了一个火车站。如此一来,草原穿越原有景观的特色得到了有效保护,并且吸引了大量的游客前来领略乡村的风土人情。

（三）充分利用可再生能源

草原穿越生态村的居民开发利用风能为主要供电能源，以维持日常生产生活的用电，使用沼气作为燃料，在农田耕种施肥时以天然肥料为主，这一系列措施充分提高了农村废弃物资源的二次利用率。

二、密歇根州生态区

密歇根州位于美国的中北部，面积为 $250494km^2$，该州受五大湖的影响而呈现出独特的自然景观风貌。在该州，陆地面积占 58.73%，水域面积占 41.27%。其中，除了私有土地外，有超过 700 万英亩的公有土地，分别由代表公共利益的美国联邦政府、密歇根州政府、国家公园管理局、国家森林管理局、国家渔业和野生动物管理局拥有所有权。密歇根州的林业资源丰富，由于在 17 世纪欧洲人开始来此定居和开发，原有的生态环境大大地改变了。汽车工业的发展，使人们对原材料和土地的需求发生了变化，土地利用方式也日益增多。景观结构也因为人类活动的介入而发生了改变，草原、稀树草原、森林等无人地区逐渐被开发成为居住或者农业用地，导致破碎或者不连续的斑块出现。林地、草地、居住地相互渗透，互相影响，自然景观结构趋向于复杂。密歇根州生态区的规划主要注重以下几个方面：

（一）适地适树，提高植被覆盖率。秉承维护、改善区域生态系统平衡这一宗旨，达到人与自然和谐共生这一目标，将保护原生树种与引进优良品种有机结合，使得生态效益最大化。例如，密歇根州上半岛具有十分独特的大陆性气候，受五大湖影响，具有独特的面积广大的针叶林和落叶林，对于全州范围的地理和气候变化、生态环境有特殊的影响。植物区域规划可以应用到协调自然保护区和旅游开发等方面。

（二）丰富不同区域内的景观类型，并进行树种规划。调查和分析所在区域的林木资源和原生群落，掌握乡土树种的基本情况和其所在的典型区域，研究乡土树种的种类、生长情况、绿化应用状况以及合理群落配置等内容,充分考虑区域自然特征、植被种类、物种繁衍等。不同景观类型对于乡土树种的比例和整体植物群落的要求不同。在人为干扰较多的城市区域调整植物比例,适当引种外来树种,丰富植物景观,提高景观异质性;在原始森林区域则加以保护,规划绿廊,提供迁徙通道,保持内部生态系统的活力。

(三)重视绿道的建设。密歇根州的森林资源丰富,在区域中天然存在的廊道有效地发挥了物质交换的作用,在规划过程中对生态敏感地带(如南方混合区和过渡区域)的绿道加以保护,通过相关规划政策、合理土地利用,保护好景观的线性要素以及景观网络。在规划区域中将绿道和水域蓝道结合,通过建立河岸、湖岸、湿地周边的绿色屏障,可以在一定程度上减少水质的退化,降低水土流失的可能,同时,能够将两种异质性的景观结合,创造出绿道和蓝道并存的自然景观。

三、案例启示

(一)农业发展是乡村振兴的基石乡村和城市的主要区别在于产业业态的差异,农村是以农业为主体产业形态的,城镇是以工业和服务业为主要产业形态的。随着城乡融合,有些产业业态在城乡之间有一定的交叉和交集,但仍然改变不了城乡各自的主体业态。要实现乡村的振兴,一定要以农业的长足发展为基础,把农业振兴和发展看成乡村振兴的基石是非常重要的。从美国农村发展看,整个农业的发展和振兴,尤其是农业国际竞争力的提升为美国农村发展提供了充分保障。我们在实现乡村振兴过程中,应当借鉴美国的经验,千万不可忽视农业的发展而空喊口号,以免贻误乡村发展的大好时机。

(二)乡村振兴要树立全局观美国的乡村发展是在国家发展战略和全局视角下进行的,具有宏大的国际视野,这为美国农业直至乡村发展提供了广阔的发展视野,也为美国农业国际竞争力的建立提供了长足的贡献,造就了今天美国农业发展的国际地位。对于我国而言,我们要充分认识到我国农业发展的优势和劣势。对于优势，要进一步挖掘和利用，把优势进一步转化为生产力和竞争力，让地区农业成为全国甚至全世界成为有竞争优势的产业；对于劣势，要不断地弥补不足，分析存在的差距及原因，尤其是要注意挖掘其特色，培育竞争优势。在农业发展壮大的基础上，要把整个乡村发展，包括环境、交通、文化等的发展更加完美的结合起来，实现乡村振兴，最终实现农民的"人的发展"。

（三）乡村振兴要以法律为保障美国社会发展非常注重立法的保障作用，在农村发展过程中也秉承了这一精神，以法律的形式对农业、农产品、农资、土地甚至与农业相关的食品、农村发展政策等做了规范。这样做的好处是能够提升政策和制度的约束力，也保持了政策的前后连贯和一致，避免政策随意变动对发展战略和计划的冲击，具有很强的前瞻性。我国乡村振兴应当借鉴美国的做法，把一些政策理念、方式方法，尤其是乡村振兴战略的核心和要点、思路及目标以法律的形式固化起来，体现战略的法律效力从而提升执行力，这样可以加深我国乡村振兴推进的效力，提升乡村发展实力。

第二节　德国巴伐利亚州

德国的农村建设走过了一个长期的探索过程，在这一过程中，村庄更新与土地整理是改善当地生活条件的重要方法，有至关重要的作用。德国农村空气清新、自然环境舒适、住宅密度低且村镇景观保存良好，这与"农村更新"是密不可分的，"农村更新"让德国的乡村拥有了与现代化都市完全不同的独特魅力。第二次世界大战结束至20世纪中期，德国的乡村整体发展十分落后，破败不堪的基础设施，短缺的就业机会，供给不足的公共服务，使得大量农村人口为追求更好的生活而迁入城市。德国赛德尔基金会在 1950 年提出了城乡等值化理念，其含义为通过村庄更新、土地整理的方法，来实现"城市与乡村生活不同类但等值"这一目的。巴伐利亚州作为德国最大的农业州之一，具有一定的典型代表性，其城乡等值化的试验促进了乡村更新与土地整理相结合。

一、巴伐利亚州的土地整理

早期的巴伐利亚州农村所存在的问题十分突出，村庄人口的老龄化和负增长导致闲置的房屋越来越多，长期无人生活的房屋缺少维护，年久失修，乡村风貌受到了严重的影响，不仅如此，村庄缺少必要基础设施的建设，如广场、教堂等传统的公共空间与公用建筑缺少维护，且没有及时地进行更新，从整体结构上来看，村庄面临的问题就是局部杂乱，缺乏整体规划。

"二战"以来，德国采用了乡村土地整理的手段，在改善农林生产条件、合理开发和利用土地资源方面发挥了重要作用，并且在保护乡村自然景观、生态环境方面也有促进作用。德国的巴伐利亚州在过去的时期在土地整理、乡村革新和村落风貌保护方面取得了显著的成效。巴伐利亚州的"农村更新"采取的是自下而上的过程，每一步的决策都是以"村落风貌"本身为立足点，有广大村民的参与。巴伐利亚州的土地整理主要集中在乡村地区以及保留有乡村结构的地区，包括通过细碎土地的合并与整治来提高农业及林业生产条件、乡村更新、为村镇建设释放土地空间、乡村景观格局规划、公共设施用地整理、特殊农作物田块整理以及高山草地与林地整理。德国通过土地整理来推进乡村更新的行动始于 20 世纪 60 年代末期。1982 年，巴伐利亚州政府制定了《巴伐利亚州乡村更新纲要》，强调乡村土地整理中的产权调整、田块合并及规划编制的重要性。村庄更新规划包括农业结构改善措施、村庄建筑措施等，使乡村生活和生产条件适应城市化的发展。规划的制定由乡镇政府和参加者协会通过多部门的合作以及居民参与共同制定。村庄更新规划与土地整理紧密结合,并通过土地整理来推进规划实施,以解决如基础设施用地储备、农业结构调整、自然景观保护等各种问题。

权属管理贯穿于乡村土地整理的整个过程。在立项阶段,要明确土地整理区内的权属现状并制定详细的权属调整方案。在项目执行期,要对地产交易、地产评估、土地重新分配等内容进行明确规定。随着权属变更登记生效,新的所有者将继承土地的全部义务和权利,并完成土地变更登记、地籍登记、自然保护登记等内容。此外,巴伐利亚州的土地整理与乡村更新强调对生态环境的保护与建设,在立法、规划及措施等各方面都有明确的规定和要求,还强调公众参与的重要性,让村民参与决策与规划制定,使土地整理建立在民众参与和民主监督基础上。

德国的巴伐利亚试验促进了农村从传统农业向多功能、综合性发展的转变,体现了土地整理在改善农林生产条件、土地资源合理发展利用、乡村自然环境和景观保护、乡村基础设施建设等方面的重要作用,使得农村地区具有与城市同等的吸引力,促进了城乡融合发展,成为德国农村发展的普遍模式。

二、巴伐利亚州的农村更新

农村更新的时间跨度通常约为 $10\sim15$ 年的时间。德国巴伐利亚州在"农村更新"上主要从以下三个方面开展:

(1)村落整体结构与公共空间。巴伐利亚州的建筑师从最基础、最重要的一环进行村落更新。首先建筑师通过分析当地建筑物保存状况、建筑用地的闲置状态、公共设施建筑的区位、绿化树种和乡土树种、自然保护区域范围等,确定极少使用或已经闲置的建筑以及农业设施的服务范围,从建筑现有的状态进行改造。首先,调整现存的建筑,使得所有房屋风格一致、体量相似、形体关系清晰,整治由于空地所造成村庄景观不连续的现象;其次,详细地设计村庄中的道路,设计包括绿化、机动车行道、停车位等,确保主要道路具有多样性和连续性。

(2)居民住宅的更新。基于乡村住宅的历史演变以及现存特色建筑,巴伐利亚州新的居民住宅将传统的木构架住宅取而代之,新的住宅淘汰了木架构,但在外观上又与原有住宅具有一定的相似性。

(3)公共历史建筑更新。部分年久失修、破败不堪的住宅早丧失了实用功能,需要采取必要措施对其进行功能转换,同时,对那些保存较为完好的公共建筑进行更新。巴伐利亚州保留了大部分历史遗留建筑的原有风貌,并重新划分建筑内部空间,将其打造成为一个集美食餐饮、棋牌娱乐、影视休闲多功能的乡村活动集合中心。

总的来说,巴伐利亚州以土地整理进行"农村更新",使其从落后的农业区变为了德国实力雄厚、乡村风景优美的联邦州。它迷人的田园风光和高质量的生活水平吸引了大批的游客,被欧盟当作现代化农村建设的一个标本。

三、案例启示

(一)以德国巴伐利亚州为代表的土地整理与乡村更新实践表明,乡村土地综合整治适应了快速城镇化、工业化进程中乡村地区人地关系变化的现实背景及客观需求。通过开展土地整治工程实践,农业生产的水土条件得以改善,耕地质量得以提升,百姓生活品质得以提高,生态环境得以保育,不仅优化了乡村土地利用结构,促进了土地资源节约集约利用,还重构了农村生产、生活、生态"三生"空间格局,协调了乡村地域人地关系,具有重要的现实意义。

(二)"十三五"期间,我国全力实施"三深一土"国土资源科技创新战略,强调土地工程技术在推动耕地质量提升、退化土地治理、荒废土地利用与土地生态修复中的重要作用,不断强化土地整治的工程化、生态化技术应用,以此推进山水田林湖草生命共同体、田园综合体和乡村振兴"三生"(生产、生活、生态)融合发展。当前,我国广大农村地区"空心化"

问题严峻,乡村青壮年人口持续减少与大量废弃、闲置农村建设用地持续增加并存,人地关系紊乱,空心村综合整治增地潜力巨大,亟需开展空心村土地整治工程,实现土地用途置换和空间格局优化。空心村土地综合整治在功能导向上应强化统筹区域城乡用地的“一整三还”,即依托村庄整治工程,实现乡村土地整治还田、还林、还园(建设),有利于保障耕地及粮食安全,推进农业规模化经营,进而协调乡村地区农业生产、居民生活与生态环境保育三方面关系。从 20 世纪 80 年代末期开始,巴伐利亚试验在山东省青州市南张楼村进行推广并取得了成功,也为我国北方欠发达地区的农村发展与建设提供了实践探索。

第三节　日本白川乡合掌村

一、合掌村与“一村一品”

位于日本岐阜县的合掌村,坐落白川乡的山麓里,于 1995 年被定为世界文化遗产。对于文化遗产的保护和传承,合掌村具有领先世界水平,其一系列保护乡土文化的措施具有独特性和独创性,可以说,合掌村是日本“一村一品”造村运动的成功的典型代表。如今,这里被誉为“领略日本传统风貌的美丽乡村”,不仅在日本家喻户晓,受到国民的喜爱,在世界上,合掌村也享有极高的声誉。

在 300 多年前的江户至昭和时期,为了抵御严冬和暴雪,在严峻的环境里生存下来,白川乡的村民就地取材,自己动手建造起了房屋,整座房屋利用木块和茅草,通过结绳、榫卯等方法建造,建造过程中不需要使用任何钉子加以固定,60 度的急斜面作为屋顶,可以有效防止白雪的堆积,由于屋顶的形状就像双手合掌的姿势,所以人们将这种房屋称为"合掌造","合掌村"也因此得名。

日本农业在20世纪60年代基本上实现了机械化、良种化和化肥化,尽管村民的人均收入越来越高,但是村民的居住环境却越来越差,更多的人不愿意选择生活在农村,大量人口涌入城市。为了在一定程度上缩小城乡之间的差距,日本政府开展了造村运动,该运动不同于"完全回归农村时代",也不是将原有村落推倒重建,再大量投资进行工程建设,而是主张"从生长的地方寻求文化根源",因地制宜,充分考虑当地发展基础,充分利用现有乡土资源。

"一村一品"是造村运动中的一种形式,于1979年由日本大分县前知事平松守彦提出,在亚洲最具知名度,并对各国的乡村建设产生了深远的影响。"一村一品"其含义是一定区域范围内,以村为基本单位,充分发挥当地资源优势,通过大力推进标准化、规模化、市场化和品牌化建设,满足国内外市场需求,使一个村(或几个村)拥有一个(或几个)附加价值较高、区域特色明显、市场潜力较大的重要产品以及产业,其不限于农村特色产品,还包括如地方庆典、文化遗产等的旅游、文化资产等项目。

不同于中国一些乡村旅游将村民全部迁走,或是利用一个已然空心化的村落打造景点的思路,合掌村作为旅游热门景点,满足的不是观光需求,而是村民的需求。合掌村的定位十分明晰,它首先是一个为提供村民生活、生产的社区空间,其次才是为游客提供旅游观光场所的景区空间。1973年前后,白川乡展开了民宿的营业项目,其民宿保留了当地一些可供观赏的、具有历史意义的农用工具和一些过去农村的乡土玩具,旅客居住于此,能够深切地感受到朴实温馨的乡村生活环境所带来的惬意悠闲,深深地体会到久违的宁静和安逸。春夏秋冬不尽相同的自然风光、独特的建筑外形、优美良好的生态环境,正是合掌村每年都能吸引世界各国的游客蜂拥而至的秘诀。但令人惊讶的是,合掌村并不收取任何门票参观费用,如何将村民增收同大量的客流关联起来是合掌村能否持续发展的关键。于是,让游客住下来成了合掌村乡村旅游的核心目标之一。此外,合掌村利用其承载的独特地方文化,把合掌村生产的优质农副产品通过文创包装后,将其制作成纪念品出售,并结合游客的刚需配套服务,打造出一条展现在地属性的,朴实、趣味、温馨的商业街,而这种模式恰恰符合"一村一品"所提倡的理念。

二、合掌村的农业生态

如今合掌村美名在外,每年都吸引着世界各地大量的游客,旅游业在经济上早就足以支撑起村民的收入来源,从某种意义上来说,合掌村已经成为不用依赖农业生产的旅游村落。然而,合掌村并没有摒弃农业生产运作,取而代之的是将农业生产和旅游发展充分融合。

在合掌村里漫步,抬眼远望,房前屋后,井井有条的农田都被村民精心维护。根据调查,白川乡农家229有户,农用地面积有1950亩,其中水田1650亩,主要农业生产项目,包括小麦、水稻、蔬果、花卉、养鸡、养牛、养猪、加工业等。在合掌村,传统的农作物不仅仅是作为农作物本身,而是变成了特色景观,同村庄融为一个整体,成为合掌村乡村风貌的重要组成部分,不可分割。同时,生机勃勃的有机农作物构建了一个天然的在地消费场所,游客身处合掌村浓郁的传统文化氛围中,会在不经意间转换身份,成为购买当地特色农产品的消费者。

不管合掌村是作为山居一隅的质朴村落,还是作为世界顶级的旅游景点,这里很难找到明显的垃圾桶,但在田埂、房前、路边却看不到一片垃圾,十分干净。合掌村在生态保护方面也卓有成效,村庄内部原本用于排水、灌溉沟渠设施遍布田野,本该杂乱的景象由于改造得法、保护得利,形成了渠道内水流清澈、游鱼肥大的乡村景观。

日本地方政府于1975年提出保护作为重要传统遗产的历史建筑的申请,政府不仅下拨了修缮保护历史建筑的经费,还组织成立了由村民、建筑师、文物保护专家、教育委员会等组成的合掌建筑群修复委员会。与此同时,合掌村的村民自发成立"白川乡合掌村集落自然保护协会",制定了《住民宪法》,提出合掌村的无论农田、树木、山林,还是土地、建筑,都要遵循"不许贩卖、不许出租、不许毁坏"的三大原则。

三、案例启示

以日本白川乡合掌村为代表的"一村一品"运动对我国部分乡村的启示。

(一)必须发展有特色的农业产品,发挥品牌优势。相比日本的迅速发展而言,我国许多农村地区的经济发展缓慢,大多数地区没有形成品牌概念。农产品市场信息传递缓慢,一定程度上使农产品销售市场受到阻碍,大大打击了农户参与和发展"一村一品"活动的热情。"一村一品"对提高农产品市场的信息化、对农产品销路的拓展及农产品市场的改组都有着积极作用。"一村一品"的成功和可持续化发展必须依靠农产品市场的高度信息化和农产品销路的渠道化,从实际出发,"一村一品"在部分农村发展缓慢的根本原因在于对"品"的特色化速度较慢、树立品牌的意识十分薄弱。发展过程中,合作社应当有目的地选择特色、树立品牌并规划品牌的发展之路。众所周知,越是地方性的东西,越具有世界性。"一村一品"中最重要的是确定发展什么样的"品",在选择"品"时应注重特色性、紧密联系市场、注重效益以及重视基础的作用。"一村一品"的发展能够将村、町的特色产品形成产业化,产生能够代表群众意愿的机构如合作社或成立联合企业等,既可以整合相关制度和销售路径,又可以统一群众意愿,增强品牌的竞争力。

(二)重视农民教育培训。在农民教育的发展过程中,日本逐渐认识到单纯依靠政府的力量是不够的,于是支持、鼓励其他力量的参与,使日本农民教育的供给呈现出主体多元化特征。从总体上看,一是各级农业科技教育培训中心;二是中高等农业院校;三是企业参与的各类培训服务机构;四是各级农民协会;五是各级农业技术推广服务体系和农业改良普及系统。这种由政府、学校和民间力量共同构成的多主体参与,相互交流、相互补充的全方位供给系统,能够有计划、分层次、有重点地开展农民职业技术教育。在部分农村,一方面农民素质普遍较低,另一方面农民的人口数量巨大,农民教育是一个很艰巨的任务。在目前的情况下,应该参照日本的经验,一方面要完善大学和科研机构对于农民培训方面的体系,主要解决农民应用高新技术的培训,完善农民的中等职业教育和成人职业教育体系,重点解决农民在实际操作中的技能知识问题;另一方面,部分农村的一些地方农民专业协会是一种十分有效的补充方式,同时,可以借助网络教育这个有力的工具将农业学校、推广部门、培训部门、行业协会结合起来,不仅为农民提供各种信息,还可以开展远程培训、网上交流示范等,让有条件的农民更方便快捷地进行自我培训。

(三)注重创新,形成具有地区特色的城乡一体的发展之路。日本的"一村一品"的萌发与迅速发展,具有深刻的社会经济和区域发展方面的原因。从一般意义上来说,一个地区在工业化、城镇化快速发展过程中,由于农村、农业、农民的相对弱势地位,必然会面临着如何提升农村活力、提高农业竞争力、增强农民收入的问题。日本大分县审时度势、因势利导地推动了"一村一品"运动,为较好解决上述问题开辟了一条具有地区特色并影响广泛的成功道路。一些农村缺乏活力、农业竞争力不强、农民收入增长不快,其主要原因是其为实现赶超型工业化而实行的城乡分割的发展战略。目前,部分农村的城乡关系进入了一个新的阶段。传统的城市发展战略是一种铺大饼式的发展,农村受益的往往是城郊农村区域,这也符合以前赶超式的城市发展要求。在建设美丽乡村的发展时期,大家应着力加快构建新型城乡关系,破解农村经济发展的瓶颈,发展有特色的"一村一品"战略。

第十章　国内生态宜居乡村典型案例

第一节　上海崇明岛规划建设创新实践

一、背景情况

上海崇明区地理位置独特，自然资源丰富，由崇明岛、横沙岛、长兴岛三岛组成，地处长江入海口，一面临海，三面环江。

有着"长江门户、东海瀛洲"美誉的崇明岛位于上海市北部，行政区划面积 2494.5 平方公里，其中陆域面积 1413 平方公里。崇明岛是"城市之岛"，其人口接近 70 万，陆域面积占上海的五分之一，是上海连接长三角的重要桥头堡，为上海供应原水并提供地产农产品。崇明是"生态之岛"，它是全世界最大的河口冲积岛，是中国第三大岛，成陆约 1400 年，是上海重要的生态屏障，被联合国环境规划署誉为"太平洋西岸难得的净土"，拥有长江口中华鲟自然保护区、东滩鸟类国家级自然保护区和东滩国际重要湿地。

长期以来，由于受历史、地缘等因素影响，崇明城乡二元结构特征明显，社会和经济发展水平滞后于上海其他地区，自 20 世纪末开始，崇明一直在研究探索一条适合自身的发展路径。

2001 年，国务院批准《上海市城市总体规划（1999—2020 年）》，明确将崇明岛建设成为生态岛，崇明自此开始生态发展之路的探索。2006年，上海市政府批准《崇明县区域总体规划（2005—2020 年）》（2016 年 7

月,崇明撤县设区),明确提出建设现代化生态岛区的总体目标。2010年,上海市政府发布《崇明生态岛建设纲要(2010—2020年)》白皮书,明确要按照现代化生态岛的总体目标,以科学的指标评价体系为指导,到2020年形成崇明现代化生态岛建设的初步框架。

在十几年的生态岛建设历程中,崇明将重心放在了民生改善、环境保护等领域,强调"＋生态"的概念,逐渐弥补完善公共服务配套、民生福利保障、环境基础设施等,日益巩固生态发展的基础,让生态立岛的思想深入人心。但是,尽管在生态岛建设取得了一定阶段性的成果,其矛盾与问题也日益突出。首要问题就是缺少城镇发展动力。在崇明上一轮的总体规划中,半数以上的规划建设用地集中在陈家镇等三大传统重点发展地区,空间规划布局呈现出大集中的模式,但由于缺乏相应的产业发展动力,多年来,这几个地区的发展规模与发展水平均与规划设想存在很大的差距。第二就是是乡村发展速度缓慢。规划建设一直以来的重点都放在城镇地区,而承载全区50%以上人口的广大乡村地区,尽管风景优美、自然资源丰富,但因缺少相应的重视和机制,多年来并没有得到很好的规划建设,产业项目、农村公共服务、市政基础设施配套等都有待提升,城乡二元结构差距始终比较明显。第三是人民群众没有很强的获得感。崇明岛是一座有70万常住人口的生态岛,迫切需要发展。但在生态岛建设过程中,因不符合生态要求的企业陆续关停,老百姓的就业问题没有得到很好地解决,收入没有得到明显的提升,生活水平与城市地区的差距拉大,导致人民群众对生态岛建设的满意度还不是很高。

2016年12月,根据习近平总书记关于长江沿线要"共抓大保护、不搞大开发"的重要指示精神和以"生态优先、绿色发展"为核心理念的长江经济带发展战略,上海市政府发布《崇明世界级生态岛发展"十三五"规划》,强调要以更高标准、更开阔视野、更高水平和质量推进崇明世界级生态岛建设,打造长江生态大保护的标杆和典范。而如何按照长江生态大保护的最新要求,实现高水平保护下的高质量发展,不断满足人民日益增长的美好生活需要,实现生态岛建设的跨越提升,就如十几年前崇明确定走什么样的发展道路一样,是摆在全区党员干部群众面前又一重大历史使命和任务,考量着大家的定力和能力。

二、主要做法

面对生态岛建设的更高要求和面临的实际问题,崇明区委区政府坚持规划先行,崇明区新一轮总体规划与上海新一轮城市总体规划编制协同,工作同步推进。

上海新一轮城市总体规划把落实新发展理念作为一根红线贯穿始终。注重创新发展、协调发展、绿色发展、开放发展、共享发展,努力践行以人民为中心的发展思想,带动全社会共同实现"城市,让生活更美好"的发展愿景,到2035年,基本建成卓越的全球城市,令人向往的创新之城、人文之城、生态之城,具有世界影响力的社会主义现代化国际大都市。

崇明是上海建设卓越全球城市,打造创新之城、人文之城、生态之城的重要承载区。在上海新一轮城市总体规划引领下,在《上海市崇明区总体规划暨土地利用总体规划(2017—2035)》(以下简称《崇明2035总体规划》)编制过程中,崇明区的干部和群众一起对生态岛的目标定位、价值内涵再认识再提升,从实际出发,对发展战略、空间布局、制度建设等开展了系统谋划,以"＋生态"战略厚植生态基础,以"生态＋"战略彰显生态价值,描绘出一幅世界级生态岛建设的美好蓝图。

"＋生态"战略即通过划定生态保护红线,提升林、水、湿地等生态资源比重,强化生态网络、生态节点建设以及系统性生态修复工程等措施,不断厚植生态基础,在自然生态意义上做到世界级的水准。"生态＋"战略即致力于提升人口活力,培育创新产业体系,提升全域风景品质等,在城乡发展、人居品质、资源利用等方面探索生态文明发展新路径,彰显生态价值。

面对前进中的困难、发展中的问题，区委区政府坚定自信、保持定力，改革创新、攻坚突破，集中精力办好自己的事情。按照规划蓝图的引领，开展了各类推动形成绿色发展方式和生活方式的建设活动。

（一）不断创新"生态＋"规划理念

立足于"＋生态"和"生态＋"战略，《崇明2035总体规划》编制体现了与以往不同的全新的规划理念。

1. 规划人口和建设用地做"减法"。《崇明2035总体规划》一改以往规模扩张的传统发展模式，考虑发展给保护让路，各类资源紧约束，自我加压做减法。全区常住人口总规模由上版规划的80万人下调至本轮规划的70万人，与现有常住人口规模相当，从以往的追求规划人口数量的增加转为更加关注人口结构和人口空间布局的优化。此外，全区建设用地总规模由上版规划的268平方公里下调至本轮规划的265平方公里，基本与现有建设用地规模总量相当，相比以往更加注重土地的节约集约利用，新增建设用地控制为零增长，采用建设用地增减挂钩的方式，通过对现状低效零散的建设用地实施减量来保障符合生态岛建设目标的项目落地。

这样的规划理念在推行过程中有过波折。由于大部分乡镇的规划人口和建设用地规模都做了"减法"，乡镇的反对声特别大，尤其是崇明最东端的陈家镇。因其东侧就是东滩鸟类国家级自然保护区和长江口中华鲟自然保护区等重要的生态空间，按照"生态优先、鸟进人退"的思路，陈家镇的城镇建设空间大幅削减约40％。规划空间的缩减意味着可供开发建设的区域减少，意味着上百亿元经济利益的损失，镇政府和当地开发公司一度还为地方经济利益积极争取。在区委区政府与镇政府进行了几轮深入沟通后，陈家镇政府和当地开发公司最终都统一了思想，认为崇明既然明确了要建设世界级生态岛的目标，就要以更高的标准来要求自己，不能仅仅站在自身立场上思考问题，要把崇明放到上海、长三角、全国甚至更广阔的区域去思考，要主动担当，有所牺牲和取舍。在此基础上，全区又开展了一轮广泛的宣传讨论，使广大干部群众进一步统一思想,认识到生态优势是崇明最大的发展优势,建设空间做"减法",就是生态空间做"加法",只有生态基础进一步厚植,能更好地把生态优势转化为发展优势,才能实现"绿水青山就是金山银山"。

2."三条控制线"规划管控保障生态空间和乡村发展。《崇明2035总体规划》在2009年城乡规划和土地利用规划"两规合一"的基础上,进一步发挥上海"多规合一"规划编制的创新优势,统筹划定生态保护红线、永久基本农田、城镇开发边界"三条控制线",从而明确了生态、农业、城镇三大空间。

全区生态保护红线共划定506.72平方公里,超过崇明行政区划面积2494.5平方公里的20%,并实施了最严格的保护要求。比如崇明东滩鸟类国家级自然保护区,崇明和市直部门先后用10多年时间开展了退化湿地的生态修复和提升工程,使崇明东滩的湿地逐年增长,成为迁徙鸟类理想的栖息地,鸟类数量逐年递增。据统计,2015至2018年,在东滩栖息的占全球种群数量1%以上的水鸟物种数,从约7种提高到约10种。再比如,在长江刀鲚国家级水产种质资源保护区,崇明严格落实长江流域禁捕的要求,花大气力对全区166艘长江渔船进行拆解,使"长江捕捞"在崇明成为历史。在《崇明2035总体规划》编制的同时,崇明还通过林地规划和水系规划明确了林、水等生态空间,并大力实施推进,2016年至2018年,崇明森林覆盖率从约23.2%提升至约26.04%;河湖水面率从约9.54%提升至约9.81%。2013年至2018年,全区生态建设财政投入资金已达343.5亿元(表1)。

表1 崇明区2013—2018年生态建设财政投入资金

(单位:亿元)

年份	2013年	2014年	2015年	2016年	2017年	2018年
财政投入	27.4	35.9	42.6	53.8	78.0	105.8

在城镇空间布局上,规划更强调了均衡发展,对城市开发边界进行了大幅瘦身。全区城镇开发边界规模由上轮规划的 157 平方公里瘦身至本轮规划的 133 平方公里,减少约 15%。释放出来的规划空间均留给有风景的乡村地区,从而为实施乡村振兴战略、提升乡村产业发展、完善乡村公共服务配套预留了充足空间。目前,以开心农场、博士农场为代表的一批乡村项目正在崇明落地生根、顺利发展。

3.建立规划战略留白区。建设世界级生态岛是一个全新的要求,为给未来发展预留空间,应对发展中的不确定性,区委区政府保持战略定力、长远眼光,《崇明 2035 总体规划》将现状低效利用待转型的成片工业区以及规划交通区位条件将发生重大改善地区的 17.41 平方公里区域划为战略留白区,约占规划城镇建设空间的 13.1%。这些区域将严格控制建设活动,对确实符合生态岛发展目标的优质项目进入,须开展相关的优质项目认定工作,经评估后才能释放留白区空间用于规划建设。设定战略留白区虽对各大产业园区的招商工作造成一定影响,但严格的准入审核,也倒逼园区开展跨越式转型思考,切实引进符合生态岛要求的项目。

(二)不断创新"生态+"社区治理方式

社区是城乡社会治理的基本单元,是老百姓日常生活接触最多、感受最直接的空间单位,社区有活力,整个城镇乡村就能充满活力。为让老百姓在生态岛建设的过程中更有获得感,实现城乡公共服务均等化,崇明以广大的乡村地区为主阵地,以社区治理为主抓手,在规划建设上做了以下四个方面的努力。

1.构建适合崇明实际的城乡体系。在《崇明 2035 总体规划》顶层规划设计中就注重考虑社区构建的需要,并没有搞大集中,而是依据崇明生态岛地域广阔、东西狭长的空间特点,强调网络化、多中心、组团式发展,注重区域统筹和均衡发展,从而构建了更适合老百姓生产生活实际需要的"核心镇——中心镇——一般镇——小集镇——自然村落"城乡体系。

2. 推进基本管理单元建设。崇明全区有 10 个撤制镇地区、约 20 万人口,长期面临原有小集镇撤制以后带来的公共服务和公共管理的短板问题。从 2017 年开始,为解决好服务群众"最后一公里"的问题,对这些撤制镇地区全面开展基本管理单元的社区建设工作,区委区政府更加注重在细微处下功夫、见成效,通过大调研确定老百姓各类需求,决策由乡镇为主体实施"3+3"配置,完善了地区内的社区事务受理服务中心、文化活动中心、卫生服务中心、警务站、城管工作站和市场监管站等基本管理服务设施,充实了基层管理服务力量,满足了乡村群众的基本服务需求。此外,各乡镇还充分结合老百姓的实际需求,不断延伸服务治理内涵,合理布局公共交通、养老服务、生态绿地和商业配套等服务设施,满足社区群众多元需求,实现"宜居、宜业、宜学、宜养、宜游"的城乡一体化 15 分钟社区生活圈。

3. 完善乡村公共服务配套设施。通过多年的努力,崇明各村均逐步配置了村委会、医疗室、多功能活动室、室外健身点、便民商店、为农综合服务站,农村的公共服务基本需求得到满足。但随着生活水平的提高,乡村的公共服务设施已不能满足人民日益增长的美好生活需要,因而近几年区、镇两级积极补短板,实施各类生态惠民工程,在乡村建设了一批老年人日间照料服务中心、睦邻点、村民公园、健身步道等相关设施,进一步方便了乡村群众,缩小了城乡二元差别。

4. 大力推进农村人居环境整治。前些年,农村环境不尽如人意,离生态岛建设要求还有较大差距。为了改变这种状况,崇明以"三个全覆盖"为抓手,全面推进农村人居环境整治工作,取得了很好的效果,使农村面貌焕然一新。一是农村生活污水处理全覆盖。在 2018 年基本实现农户生活污水处理设施安装全覆盖的基础上,2019 年重点推进提升了农村生活污水处理设施的规范化管理水平。二是生活垃圾分类减量全覆盖。2018 年坚持全域覆盖、全程分类、全面处置、全民参与,已实现了生活垃圾分类减量全覆盖,全区生活垃圾减量 25%,资源化利用率达到

33.4%;2019年将继续巩固提升,完善垃圾"大分流"体系,推广应用新技术、新工艺,着力抓好湿垃圾处置废渣的资源化利用,废水和废气的全封闭、全覆盖、全流程提标处理排放,生活垃圾资源化利用率力争达到36.4%。三是农林废弃物资源化利用全覆盖。聚焦水稻秸秆、多汁蔬菜、瓜菜藤蔓、林地枝条、畜禽粪便等农林废弃物,探索形成符合崇明实际的农林废弃物燃料化、饲料化、肥料化等多元化利用模式。

（三）不断创新"生态＋"乡村振兴战略实施

崇明是上海最大的农村地区,崇明发展的本质、重点和短板都在乡村,因而崇明坚持农业农村优先发展,在乡村振兴战略的实施上做了很多努力。紧紧围绕乡村振兴"产业兴旺、生态宜居、乡风文明、治理有效、生活富裕"的大目标,突出乡村发展中的重点问题和关键瓶颈,坚持底线约束,坚持近远结合,深入谋划和落实各项任务。

1.创新郊野单元（村庄）规划编制工作。《崇明2035总体规划》的一大特点就是关注乡村空间、挖掘乡村价值、彰显乡村魅力,"榆柳荫后檐,桃李罗堂前",着力营造有机舒朗的乡村空间。为更有效地落实这样的规划理念,崇明创新开展了郊野单元（村庄）规划编制工作。除了邀请熟悉上海乡村情况的优秀规划团队参与规划编制工作以外,崇明还创新工作模式,发动了全区109名熟悉乡村情况的崇明籍区管正处级干部回镇回村参与规划的前期策划工作,助力规划更接地气、更符合崇明实际需求。在各方有识之士共同研究分析之后,各乡镇都较高质量地完成了乡镇策划,明确了发展定位、发展战略、产业策略等。以策划为基础,规划进一步明确了重点发展地区、农民集中居住点、保留农村居民点、公共配套点、低效建设用地减量点等内容,并对田、水、路、林、村空间也进行了优化调整布局。2019年全区乡镇和村庄都将实现规划全覆盖,从而为郊野地区发展提供有效的规划引领。

2.着力打造乡村振兴示范村。各乡镇在郊野单元（村庄）规划中,均安排了1～2个具有引领示范效应的乡村振兴示范村建设,并大胆探索实践,形成了一系列成果和经验。以最先完成郊野单元(村庄)规划的三星镇为例,该镇将新安村列为乡村振兴示范村,引入民营资本,与村级经济组织合作建立混合所有制经济,流转了5000亩土地,试点建设集循环农业、创意农业、农事体验于一体的"田园综合体";引入"智慧综合管理平台",对田园综合体的垃圾分类、污水处理、农业面源污染控制、智能安防、智慧能源等都采用了科技管理手段,减少了人力管理成本;引入国家级专业团队,为乡村开展了一场"厕所革命",将农村生活污水通过净化槽的方式进行处理,使农村的水环境得到明显改善。短短一年时间内,昔日偏僻贫穷、脏乱差的小村庄变成了一个小桥流水、草木葱郁的大公园,面貌焕然一新,"海棠左岸""院士工作站""教授工作站""文旅中心"等纷纷落地,城乡要素开始形成良性流动,村民可在家门口就业,实现了增收致富。人民生活水平稳步提高,2015年至2018年,全区农村常住居民人均可支配收入从18795元提升至25474元。(图1)

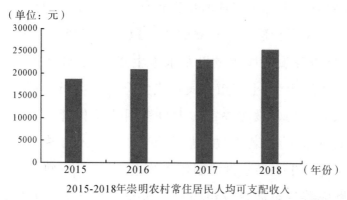

（单位：元）

图1 2015—2018年崇明农村常住居民人均可支配收入

区委区政府为了更好地推动各乡镇开展乡村振兴示范村建设,积极梳理市、区各类支农惠农政策,统筹整合规划、农业、交通、水务、林业、民政等各条线项目,使资源和资金向这些重点村庄集聚,为打造精品村提供了有力的政策和资金支持。

3.切实加快推进农民集中居住。为改善人居环境,使农村百姓更好地享受城镇更完善的配套服务设施,同时为了改变农村居民点零散布局的现状,提高土地利用效率,全区在靠近城镇的区域规划了多处集中居住点,加快推进农民集中居住。2018年,4个试点乡镇在综合考虑崇明乡村传统田、水、林的生态环境肌理以及群众对公共服务配套的要求后,完成了符合老百姓需求的设计图集,启动建设了第一批集中居住点。为有序推进农民向城镇集中居住工作,2017年崇明区专门研究出台了《上海市崇明区人民政府关于促进本区农民向城镇集中居住的指导意见》,为加快推进农民集中居住提供了政策保障。

(四)不断创新"生态+"制度

1.开展相关制度探索研究和实践。以创建国家生态文明先行示范区为契机,积极开展自然资源资产产权和用途管制、生态环境损害责任终身追究两项制度的探索与研究。围绕水、耕地、森林、滩涂四类自然资源,研究编制自然资源资产负债表,明晰自然资源资产权责。研究制定《崇明区党政领导干部生态环境损害责任追究实施细则》,强化领导干部生态环境和资源保护职责。建立健全土地利用、水环境、大气环境、声环境、土壤环境等各项环境质量以及水生生态系统、湿地生态系统的监测网络系统。先后出台《上海市人民代表大会常务委员会关于促进和保障崇明世界级生态岛建设的决定》《上海崇明公益林管理办法》《上海市崇明禁猎区管理规定》等若干政府规章和行政规范性文件,形成"1+X"模式的崇明世界级生态岛建设法制保障体系。

2.不断完善生态岛建设组织推进机制。举全市之力建设崇明世界级生态岛,在市、区两级层面构建完整的生态岛建设组织机制。2005年上海成立崇明生态岛建设协调小组,2011年成立新一届崇明生态岛建设推进工作领导小组,领导小组下设办公室,设在崇明县政府。随着《崇明世界级生态岛发展"十三五"规划》的发布,再次调整崇明世界级生态岛建设推进工作领导小组成员,领导小组办公室由原来设在崇明调整到上海市发展改革委,进一步提高崇明生态岛建设的重要性。编制《〈"十三五"规划〉主要目标和任务分工方案》,共 25 大项、83 小项,每个任务都明确责任单位、时间节点。从 2010 年开始,实施崇明生态岛建设三年行动计划,贯彻"一年一考核、三年一评估"的动态评估考核制度。除此之外,上海还将崇明世界级生态岛建设纳入市政府目标考核系统,相关推进工作一旦发生滞后会立刻进行亮灯预警,对于生态岛建设推进中的部分复杂问题,由副市长协调推进。在政策上,上海对生态岛建设三年行动计划中重点推进项目专题制定配套支持政策,从资金、土地、建设管理方面针对不同项目类型给予有别于全市其他区的配套政策支持。

3. 建立广泛的共建合作机制。开展国际合作,与联合国环境规划署签署建设与评估合作备忘录,与联合国人居署签订合作谅解备忘录,并成功举办 6 届生态岛国际论坛。开展部市合作,与国家发展改革委、科技部等合力推动相关工作先行试点。开展沪苏合作,合力推进规划对接、基础设施互联互通,崇明公共服务覆盖岛上江苏两乡镇。开展政企合作,与上实集团、光明集团、上海市城投集团、上海飞机制造公司、复旦大学、上海市农科院等大型企业集团和高校院所建立战略合作关系。倡导全民参与,吸引大自然保护协会、长江中下游湿地护网络等民间组织广泛参与。

三、案例启示

经过多年的生态岛建设,崇明生态发展的目标越来越清晰、成效越来越彰显,社会美誉度越来越高,生态岛建设发展道路越走越宽广。总结十多年的建设历程,主要有以下几点经验启示。

(一)生态岛规划建设必须始终坚持着眼大局,不断提升政治站位

必须牢固树立"四个意识"、坚决做到"两个维护",深入贯彻落实习近平生态文明思想,坚持"跳出崇明看崇明",以更高站位、更开阔视野,主动从全市、长三角、长江经济带、全国乃至全球的维度,把握世界级生态岛建设的战略定位和目标要求,全力保护好、修复好、建设好生态环

境,努力为全市发展守住战略空间、筑牢绿色安全屏障,为长三角城市群和长江经济带生态大保护当好标杆和典范,为"绿水青山就是金山银山"提供崇明案例,为保护全球生物多样性贡献"中国智慧"。

(二)生态岛规划建设必须坚持以人民为中心,汇集民意、凝聚民力

建设世界级生态岛必须贯彻好党的群众路线,坚持以人民为中心的发展思想,汇聚民智民力,充分激发生态岛建设内生动力,切实发挥人民群众在生态岛建设中的主人翁作用,以全国文明城区创建、城乡社区治理、美丽乡村建设等为抓手,积极营造"人民家园人民爱、人民家园人民建、人民家园人民管、人民家园人民护"的良好社会氛围。按照生态惠民的要求,推动形成绿色发展方式和生活方式,让天更蓝、水更清、空气更清新、食品更安全、交通更顺畅、社会更和谐有序,立足于满足人民群众对美好生活的期盼,不断创新为民解忧、为民办事、为民谋利机制,让人民有更多获得感、幸福感、安全感。

(三)生态岛规划建设必须始终坚持不忘初心,切实强调规划引领

必须在一张规划蓝图的引领下,牢记生态发展的职责使命,不断坚定生态岛建设的目标方向,把生态立岛理念融入广大党员干部群众的血脉,贯穿于经济社会发展的全过程,一切以生态岛建设为出发点,坚决守住生态安全底线,坚决抑制和克服偏离生态岛建设目标方向的发展冲动,决不为眼前利益、短期需求、近期压力所左右,决不为一时一地环境变化、风险挑战所惧所惑,坚持一茬接着一茬干、一张蓝图绘到底,确保生态岛建设目标最终实现。

(四)生态岛规划建设必须始终坚持对标一流,持续推动改革创新

建设世界级生态岛必须时刻保持力争上游、追求卓越的使命感和责任感,充分发挥好在上海国际化大都市背景下建设生态岛的巨大优势,自觉树立干事创业的高标杆,勇于对标国际最高标准、最好水平,对标周边地区先进经验,围绕乡村振兴战略实施、生态建设保护、绿色生产生活方式转变等方面,以时不我待、只争朝夕的精神状态尽快补齐短板弱项、

提升发展质效,努力探索体现上海水平的生态发展新路,争当"生态优先、绿色发展"的排头兵、先行者。

(五)生态岛规划建设必须始终坚持开放融合,汇聚共建共享磅礴力量

建设世界级生态岛需要凝聚各方智慧、汇聚各方力量,必须注重调动各方的积极性、主动性,努力为各类创新创业主体搭建广阔的发展舞台,不断吸引各类世界级选手来崇创业发展,在全球层面吸引人才、智库、技术,为崇明世界级生态岛建设提供强大支持,使之成为上海卓越全球城市建设的亮丽名片之一。

第二节 云南贡山县独龙江乡生态扶贫的生动实践

一、背景情况

独龙江乡位于云南省贡山独龙族怒族自治县,地处中缅和滇藏结合部,是全国唯一的独龙族聚居地,全乡总人口近四千人,几乎所有人口都为"直过民族"独龙族,国境线长达 97.30 千米,独龙江乡具有独特的自然地理环境和丰富的动植物资源。目前,森林覆盖率高达 93.10%,独龙江流域已发现高等植物 1000 多种、野生动物 1151 种,是名副其实的自然地貌博物馆、生物物种基因库、"云南旅游的最后一片原始秘境"。

正确处理好生态环境保护与群众脱贫致富之间的关系,是当地党委政府历来高度重视的工作。受特殊的自然条件和社会发育程度制约,过去,独龙族人民靠林"吃"林、轮歇烧荒、刀耕火种、广种薄收的传统生产方式使大片的原始森林逐年减少。而通过毁林轮耕种出来的玉米、芋头和土豆等农作物单产低,不够一户独龙族群众吃饱一年,常常需要砍伐

树木、采挖野生药材、猎捕野生动物换钱贴补家用。尤其 20 世纪 80 年代中期,独龙江乡北部区域成片的香樟树,引来了成群结队的"淘金者"涌进,他们肩扛斧子、手提大刀放倒一棵棵香樟树,刨出根茎提炼香樟油。如今,独龙江畔只能见到侥幸躲过那场"劫难"的零星几棵香樟树。

随着国家实施以自然恢复为主的重大生态环境保护政策和修复工程,一场"护山'复'林"的行动在 21 世纪初的独龙江畔持续展开。独龙江乡面积 194326 公顷,其中,划分为高黎贡山国家级自然保护区的面积有 171513 公顷。2001 年以来,独龙江乡实施退耕还林和全面停止对天然林的商品性采伐政策。林业二类调查报告显示,从 2007 年至 2016 年,独龙江乡林地面积从 20306.87 公顷增至 21597.70 公顷,森林覆盖率从 89.03% 增至 93.10%。

然而,独龙江乡山绿了、水清了,换来的却是生态的"富翁",经济的"负翁",直到 2011 年年底,独龙族群众还处在居住茅草屋、出行溜索道、吃饭退耕粮、花钱靠低保,农民人均纯收入仅为 1255 元。资源禀赋和贫穷落后这对"落差"极大的词语同时交织成了独龙江经济社会的主要特征。独龙江乡生态环境保护与群众脱贫致富之间的矛盾日益突出。

党的十八大之后,习近平总书记多次强调:"我们既要绿水青山,也要金山银山。宁要绿水青山,不要金山银山,而且绿水青山就是金山银山。"可见,人与自然和谐发展,不是只讲保护而不要发展,也不是只要发展而放弃保护。针对独龙江乡独龙族群众捧着生态良好的"金饭碗讨饭吃"的问题,当地党委政府立足乡情,提出"生态立乡、产业富乡、科教兴乡、边境民族文化旅游活乡"的发展思路,探索出一条生态保护与脱贫"双赢"的路子。2018 年年底,独龙江乡独龙族实现整族脱贫。

二、主要做法

破解独龙江乡生态保护与群众脱贫致富矛盾的基本思路,是在保护中发展,在发展中脱贫。就是在保护优先的前提下发展林下特色产业和实施生态补偿政策,并通过外部力量的帮助,激发当地群众的内生动力,实现就地脱贫一批。保护优先,是在认真贯彻落实好国家层面上实施的生态环境保护和修复政策基础上,制定符合当地实际的法律法规和对策措施,确保把"保护"落到实处。发展特色产业,就是立足独龙江乡自然气候和地理条件,通过科学论证,因地制宜选择草果、重楼、中蜂、独龙牛等名特优产业,实现群众收入可持续。招聘生态护林员、成立生态合作社等,让群众通过参与生态保护、生态修复工程建设和发展生态产业,实现工资性和劳务性的稳定收入,从而实现独龙族群众"在保护中发展、在发展中脱贫"的目标。

(一)保护优先,创造性地制定符合实际的相关法规措施和实施生态补偿政策

1.创新制度,提升依法依规保护治理能力。国家生态环境保护政策与生态修复工程实施后,独龙江乡开始从"以开发为主"转变为"以保护为主"。这对于独龙江来说,既是生产方式的大变革,也是思想观念的大跨越。面对大变革、大跨越,当地党委政府"三管齐下":一是立规矩,推进良法善治。2013年1月独龙江乡人代会审议通过了《独龙江乡规民约》。其中,对乱砍滥伐、偷捕盗猎、私挖野生药材等行为,作了具体处罚的办法和给予举报者一定额度奖励的规定。2016年5月通过了《独龙江保护管理条例》,就独龙江流域的保护管理和合理开发作了明确的法律规定,推动了独龙江生态环境保护法制化进程。二是定规划,明确生态修复方向。着手编制《独龙江生态保护规划》,科学描述独龙江"让子孙后代遥望星空,看见青山、闻到花香"的美好愿景。三是常抓长抓宣传教育。开展"保护生态,建设美好家园"的主题教育实践活动,让"绿水青山就是金山银山"的观念深入人心,化作每一个独龙族同胞的自觉行动。

2.生态补偿,实现群众"保护中增收、增收中保护"。

一是积极推进退耕还林,改善生态环境和解决群众温饱、增收问题。2001年至2004年在独龙江乡实施退耕还林7000亩,总投资1932万元,

粮食折现 1617 万元,全乡 827 户 3722 人得到了资金和粮食补助,既改善了环境,又基本解决了温饱的问题。2017 年,贡山县林草局利用独龙江乡 2014 年和 2015 年巩固退耕还林结余资金购买草果苗 253784 株,发放给最适宜种植草果的巴坡、孔当和马库三个村委会,共种植 3172 亩。2018 年年底,这三个村委会户均仅草果一项年收入就达 2.5 万元以上,逐步有了稳定增收的支柱产业。

二是选聘生态护林员,构建"网格化"管护机制成效显著。2017 年年底,贡山县林草局积极贯彻落实中央"利用生态补偿和生态保护工程资金使当地有劳动能力的部分贫困人口转为护林员等生态保护人员"的要求,指导独龙江乡开展建档立卡贫困人口生态护林员选聘工作,共选聘 195 名生态护林员,加上原有其他各类护林员,目前全乡共有 313 名护林员。为了管理好这支队伍,使其充分发挥护林员、技术员、巡边员、带头员、宣传员、应急员和人力资源储备员等"七大员"作用,贡山县成立专门机构,县级设立了森林资源管护大队、乡(镇)级成立森林资源管护中队、村级成立森林资源管护小队、村民小组成立管护小组,实行"四级"网格化管理模式,制定管理办法和考核制度。不仅有效保护了生态环境,还使无法外出、无业可扶、无力脱贫、固守边疆的贫困人口获得了就地就业和脱贫机会,每人每年有 1 万元的工资性收入。

三是成立生态扶贫合作社,带动合作社员通过参与生态项目建设实现就近劳务收入。独龙江乡建绿保林生态扶贫专业合作社成立于 2018 年 12 月 27 日,合作社成员共 20 人均由护林员组成。据合作社负责人介绍,他们承接的森林抚育面积共有 7247 亩,2019 年一季度,该合作社员通过参与森林抚育项目建设获得劳务性收入 182340 元,人均近 10000 元。据贡山县林草局负责人反映,生态扶贫合作社让社员不出村就有了劳务收入,但在合作社的日常规范管理,特别是项目资金的规范管理等方面,需要进一步因地制宜地探索和相关部门下沉指导。

四是以电代柴,帮助独龙族群众改变砍伐薪柴的传统生活方式。独龙族群众生产生活都离不开火塘,据调查原独龙族群众每户年均使用薪柴 6 立方米左右。2015 年云南省原林业厅安排 200 万元资金实施独龙江整乡"以电代柴"项目,免费给全乡 1136 户农户发放电磁炉、电饭煲、多功能电炖锅、取暖器、电热水壶等电炊具。2018 年继续开展"以电代柴"和"柴改电"项目,对全乡 6 个村委会 26 个安置点 41 个村民小组 1232 户免费发放 11 件套电器炊具,实现了全乡电器炊具发放全覆盖。经评估,使用电器炊具后每户年均节约薪柴 3 立方米,占年均每户薪柴消耗量的 46.20%;全乡每年可减少薪柴 3408 立方米,相当于保护中幼林 852 亩,折合标煤 1946 吨,减少二氧化碳排放 4282 吨,有效改善了独龙江的生态环境。

(二)立足实际,确定以草果为主的林下特色产业

1.科学论证,选择产业。独龙江林业资源丰富,发展林产业大有可为。发展何种林产业?当地党委通过"纵向走访+横向比对"工作方法积极探索出路,确定发展草果产业。草果是豆蔻属多年生草本植物,喜温暖湿润气候,适宜在林下或溪边湿润处种植,是药食两用中药材大宗品种之一。一是"纵向走访"。通过走访了解到,20 世纪 80 年代有农技员用马帮驮进到独龙江乡两筐草果苗,后调查核实其中 7 棵幼苗被该乡巴坡村委会木兰当小组一户木姓人家给种活了。小小的"草果树",让人们看到了独龙江产业兴旺的曙光。2007 年曾担任过贡山县县长,时任怒江州人大常委会副主任的独龙族干部高德荣"老县长",念兹在兹,他把办公室搬到了独龙江乡,在乡政府附近一个叫"斯达"的原始森林下探索草果种植,2011 年实现部分挂果。二是"横向比对"。独龙江乡周边茨开镇、普拉底乡早在 2004 年就开始种植草果,2007 年 10 月挂果赚钱。通过对比分析,独龙江乡的自然气候条件适宜草果种植,而且是不砍树的前提下整乡 6 个村中有 5 个村都适合林下草果种植。

2.以点带面,逐步做大。独龙江乡斯达林下草果种植的先行先试,为独龙族群众探索出一项符合当地实际的特色产业发展道路。2011 年

年底,斯达草果基地面积达 40 亩,这里成了独龙族群众学习草果技术的培训基地,至 2014 年年底累计培训 5000 余人次。2012 年年初,独龙江乡铺开大面积草果种植,在乡党委政府和州委独龙江帮扶工作队的统筹下,林业、扶贫、农业、民宗等行业部门"组合"发力,通过给独龙族群众免费发放草果苗、主动送技到家门等方式展开帮扶工作。同时,组织村组干部和积极性较高的农户去外地学习考察,回来后通过其现身说法提振村民种植草果的信心和决心。以点带面、一户到几户、一个村民小组到几个小组、一个行政村到几个行政村逐步推广。2017 年,独龙江乡招商引资建成了规模 48 吨草果烘干厂,争取全面实现全乡草果就地收购、就地粗加工、统一外售,建立产、供、销一体化产业链,促进独龙江乡草果品牌的树立。

(三)紧扣生态主题,大力发展林、农、牧、游"复合"经营模式

独龙江乡 6 个村委会,仅有最北边的迪政当村不适宜种植草果。迪政当村海拔太高,无霜期短,草果难成活,好在这里有野生的重楼,是云南白药的重要原料,2018 年每公斤干重楼收购价在 1200 元左右。2014 年,乡党委政府支持迪政当 8 户党员带头试种重楼,现在,已经种植近百亩。由于草果、重楼生长期较长,草果需要种植 4 年才开始挂果,重楼需要种植 6 年才能采收。如何破解短期经济效益产业缺失的问题?乡党委政府积极探索并推广"林+"生产模式,大大提高了林地利用率和产出率。

"林+畜禽"模式。过去农户自发放养在村寨附近的独龙鸡、独龙牛,数量有限,且由于缺乏管理,没有很好地发挥致富效应。现在,在政府的提倡下,这些自发的养殖,开始尝试产业化经营。以牛的养殖为例,从北向南流的独龙江将迪政当村分为"江东"和"江西"两部分,江的两边有一条铁桥连接。自从安居房政策实施以来,江东的村民都搬到了江西的安居房集中居住了起来,"江东"就成了精准扶贫项目中的一个牧场。里面除了饲养普通的黄牛,还有独龙江特有的独龙牛。普通的黄牛一头

只卖 2000 到 3000 元,独龙牛可以卖到 10000 元,发现了独龙牛的价值,当地政府开始尝试特色畜禽养殖。

"林+蜂"模式。2012 年以来,独龙江乡党委政府合理运用扶贫专项资金,采用"奖补"方式鼓励群众自己动手做传统蜂箱,每个空箱补贴 100元,共制作 1 万个空箱。如果招进一箱野生蜂再奖补 50 元,以此激发群众的养蜂积极性。独龙族群众创造性的在草果地尝试招引独龙蜂,并成功收获蜂蜜,草果花为蜜蜂提供了丰富的蜜源,蜜蜂则通过采蜜为草果传粉,提高了草果挂果率和产量,二者互利共生,有效促进了农户增收。

"林+菌"模式。羊肚菌是一种珍贵的食用菌和药用菌,市场前景极为广阔,生长周期短,从每年 11 月开始到次年 5 月结束,其余时段还可以种植其他经济作物。2017 年底,乡党委政府抓住珠海对口怒江州羊肚菌种植帮扶项目的机遇,结合产业结构调整,摒弃低效益、低产的玉米等传统作物种植,采用"奖补结合"模式,在有限的耕地上种植或在草果林里套种羊肚菌。

"林+游"模式。独龙江峡谷保留着完好的原始生态环境,独特的峡谷、高山草甸为主体的风景资源,神秘的人文景观,自然资源多样且品质优良,景观资源独具特色。一方面,独龙江乡积极开展特色旅游村项目,打造生态农业旅游、独龙美食文化体验、原生态民俗体验等特色村;另一方面,充分发挥森林资源优势,打造科考探险、人马驿道等生态旅游项目。2015 年,巴坡村委会巴坡小组独龙族王春梅在政府免费建盖的 90多平方米新房里打理出一间旅游接待房,仅在当年"十一"黄金周期间,她家住宿和餐饮接待纯收入就达 6000 多元。现在,王春梅所在的巴坡村民小组 20 多户人家每家都有一间旅游接待房,除旅游黄金周爆满外,其他时间平均一个月能有 600 多元收入。

(四)下沉力量,打通制约发展的基础设施和素质"瓶颈"的"最后一公里"

针对独龙江乡以交通为代表的基础设施十分薄弱、基层干部和农技员能力弱、群众内生动力不足的问题,省、州、县各级各部门下沉力量,合力攻坚。2010 年至 2014 年年底,怒江州成立州委独龙江帮扶工作队,先后从州、县两级机关抽调 118 人次,进驻独龙江乡 6 个村委会 26 个自然村,每个村委会至少安排 10 人,直接驻村开展项目实施、全面动员群众投身脱贫攻坚行动。五年来,围绕涵养生态和脱贫致富,共落实建设资金13.04 亿元,共建设完成水、电、路、卫生、文化设施齐全的安置点 26 个,建成独具民族特色的安居房 1068 户,铺筑沥青路面和水泥路面 150 公里,建成高黎贡山独龙江公路隧道 6.68 公里,彻底结束半年大雪封山历史。组织开展各类农村技术培训,受众达 25464 人次。2017 年 9 月怒江州委、州政府启动实施独龙江乡"率先脱贫·全面小康"提升行动,全力开展整合资源实施和脱贫攻坚、特色小镇、旅游发展、环境保护、人居环境、整体素质、基础设施和基层党建提升行动,为独龙江乡生态环境保护与经济社会发展协调推进注入了强大的活力。

三、案例启示

云南省贡山县独龙江乡深入贯彻习近平生态文明思想,着力破解生态保护和脱贫致富之间的矛盾,坚持问题导向,秉承"在保护中发展、在发展中脱贫"的理念,把脱贫攻坚与生态文明建设相结合,带动生态环境不断改善;把生态文明建设与特色产业培育相结合,带动群众不断增收;把特色产业培育与人民素质提高相结合,带动群众内生动力不断提升,打出了生态扶贫工作的"组合拳"。采取的四项措施立足乡情、因地制宜,既有其特殊性,又有可推广和复制的普遍性,是以"两山"理念为精髓的习近平生态文明思想的生动实践。

(一)坚持保护优先,是实现人与自然和谐共生的根本前提

在"绿水青山"和"金山银山"发生矛盾时,要深刻认识"两山"理念关于生态系统、经济系统和社会系统是密切协同、"一损俱损、一荣俱荣"的内在联系的思想精髓,必须将"绿水青山"放在优先位置,不能走以"绿水

青山"换"金山银山"的老路。方向对了,就是成功的开始。良好的生态环境是农村最大的优势和宝贵财富,用最严格制度、最严密法治保护生态环境,全力推进独龙江乡生态文明建设,将独龙江乡良好生态环境优势转化为生态林业、生态农业、生态旅游等生态经济优势。

(二)实施生态补偿政策,是解决偏远山区贫困人口脱贫致富最有效的途径

建档立卡户通过参与国家和省的重点生态工程,获得相关补偿或补助资金和参加生态工程建设劳务所得而实现增收致富。同时,积极探索推广"生态护林员+"模式,不仅增加了贫困户的工资性和劳务性收入,还发挥了护林员、技术员、巡边员、带头员、宣传员、应急员和人力资源储备员等"七大员"作用,从而使生态得到保护、群众得到实惠、民族更加团结、贫困群众赢得尊严。实践证明,生态补偿脱贫一批,实现了生态保护和脱贫攻坚"双赢",是解决偏远山区贫困人口脱贫致富最有效的途径。

(三)选准对路产业,是实现生态环境保护与经济社会发展良性互动的关键所在

没有产业,群众就没有出路,保护也就成了"空谈"。要坚持走好生产发展、生活富裕、生态良好的永续发展之路,产业振兴是第一位,无论是林下特色种植养殖,还是生态旅游,都要立足于绿水青山的实际资源禀赋,从而促使群众主动保护生态环境,积极探索生态环境优势转化为生态产业优势的机制和途径,实现"绿水青山"向生态经济发展持久稳定的变化,带来源源不断的"金山银山",实现百姓富、生态美的统一。

(四)力量下沉,是提升基层干部和群众素质的重要手段

越到基层,力量就越薄弱,仅靠当地群众自身的力量解决不了自身的困难和问题。能否打造一支思想政治素质、业务素质过硬的帮扶工作队伍,关系脱贫攻坚战役的成败。就是要将帮扶工作队打造成一支不怕困难、冲锋在前的先锋队,团结人民、凝聚人心的组织队,落实政策、鼓舞干劲的宣讲队,深入基层、技术精湛的指导队,善于打硬仗的突击队,全

心全意为人民服务的服务队。群众是保护生态环境和脱贫攻坚的主体力量,提高群众的自我发展能力、落实群众的主体地位既是实现脱贫的关键环节,也是扶贫工作最终切入点和落脚点。帮扶工作队组织贫困群众全程、全面参与项目建设,从而强化了贫困群众参与项目能力,有效调动和激发了贫困群众的内生动力,扶贫工作成为贫困群众提升"自我管理、自我服务、自我提高"能力的主战场,促进了扶贫工作的全面有序推进和脱贫目标顺利达成。

第三节　浙江安吉县践行"两山"理念的生态文明建设之路

一、背景情况

安吉,地处浙西北,县域面积 1886 平方公里,户籍人口 46.8 万人,下辖 8 镇 3 乡 4 街道、1 个国家级旅游度假区、1 个省级经济开发区和 1 个省级产业示范区。素有"中国竹乡""中国转椅之乡""中国白茶之乡"等美誉。

在选择发展道路时,安吉曾走过弯路。20 世纪末,作为浙江贫困县之一的安吉,为脱贫致富走上了"工业强县"之路,造纸、化工、建材、印染等企业相继崛起,尽管 GDP 一路高速增长,但对生态环境造成了巨大破坏。2001 年,安吉确立了"生态立县"的发展战略,下决心改变先破坏后修复的传统发展模式,开始对新的发展方式进行探索和实践,并开展了村庄环境整治活动。通过有效整治,安吉的生态环境有了极大的改善,但经济发展速度还是明显落后于周边地区,依然是浙江贫困县和欠发达县之一。部分干部群众对于保护环境还是发展经济产生了疑惑与争论。

习近平同志在担任浙江省委书记期间,先后两次来到安吉调研:2003年4月9日,习近平同志到安吉调研生态建设工作。在听到安吉实施"生态立县"战略时,他指出"对安吉来说,'生态立县'是找到了一条正确的发展道路"。2005年8月15日,习近平同志到余村调研民主法治村建设。当听到村党支部书记汇报余村通过民主决策关停了污染环境的矿山时,他表扬了余村的做法,认为这是"高明之举",并提出"绿水青山就是金山银山"。习近平总书记的两次调研讲话,给安吉走"生态立县"的道路坚定了信心,指明了前进的方向。

自2008年以来,安吉积极践行"两山"理念,以"中国美丽乡村"建设为总抓手,劲往一处使,一届接着一届干,一张蓝图绘到底,走出了一条"生态美、产业兴、百姓富"的可持续发展之路,也把安吉从一个名不见经传的山区穷县建设成为闻名遐迩的全国名县。

二、主要做法

"中国美丽乡村"建设,是安吉坚持"生态立县"发展战略,根据浙江2003年开展的"千万工程"的工作部署因地制宜开展的一项特色工作。2008年初,安吉县委县政府正式提出建设"中国美丽乡村"的目标,计划用十年左右时间,把全部行政村建成"村村优美、家家创业、处处和谐、人人幸福"的美丽乡村。党的十八大以来,面对农村生产发展和环境保护的新形势、新问题,在党的乡村振兴战略的引领下,"中国美丽乡村"建设走向全面综合系统的升级版,以改善农村人居环境入手,坚持规划、建设、管理、经营于一体,注重机制创新,抓住环境治理和产业发展两个牛鼻子,不断推动乡村美起来、富起来、强起来。

(一)坚持规划引领,精心绘制美丽乡村蓝图

"中国美丽乡村"怎么建?实现怎样的新目标?时间跨度多久?实施步骤如何?这是安吉美丽乡村建设首要面临的问题。为解决这些问题,安吉在中国美丽乡村建设中统筹整合县域美丽资源,既强化规划统

一编制执行,又鼓励特色化、差异化发展。

1.突出规划引领。结合县域实际、产业规划、土地规划和建设规划,统一整合,坚持不规划不设计、不设计不施工的原则,始终把高标准、全覆盖的建设理念融入规划中,以规划设计提升建设水平。注重与县域经济发展总体规划、生态文明建设规划、新农村示范区建设规划、乡(镇)村发展规划等相对接,先后编制了《安吉县建设"美丽乡村"行动纲要》《安吉县"美丽乡村"建设总体规划》等一系列县域空间规划和产业布局规划,形成了横向到边、纵向到底的建设规划体系。

2.注重彰显特色。安吉十分注重对特色建筑的保护和地方特色文化内涵的挖掘,并将其与乡村氛围很好地结合,贯穿于规划、设计、建设的各阶段。同时按山区、平原、丘陵等不同地理位置和产业布局状况,将全县15个乡镇和187个行政村按照宜工则工、宜农则农、宜游则游、宜居则居、宜文则文的发展功能,划分为"一中心五重镇两大特色区块"和40个工业特色村、98个高效农业村、20个休闲产业村、11个综合发展村和18个城市化建设村,明确发展目标和创建任务。逐镇逐村编制个性规划,完善功能集聚,突出个性特色。

3.实行立体打造。着眼城乡一体、融合发展的新格局,以中心城区为核心,以乡镇为链接,以村为节点,统筹打造优雅竹城—风情小镇—美丽乡村,三级联动、互促共进,推进城、镇、村深度融合发展,全面形成众星捧月、日月交辉的整体态势。

(二)实施标准化建设,持续提升美丽乡村品质

有了美丽乡村建设蓝图后,具体如何操作? 如何将纸上的蓝图变为现实? 这是美丽乡村建设需要回应的重要议题。安吉的做法是科学谋划、通盘考虑,以标准化推进"中国美丽乡村"建设。

1.构建标准。在美丽乡村建设中,安吉努力做到"建有规范、评有标准、管有办法",确保整个建设过程协调有序,科学有效,形成"一中心、四个面、三十六个点"为元素的"中国美丽乡村"标准体系。创设美丽乡村

建设指标体系,对美丽乡村创建,考核标准一致、奖补标准一致、项目审核一致,做到美丽乡村创建村村有份,体现了规则公平。通过指令创建与自愿申报相结合的办法,分步实施,循序渐进,美丽乡村创建根据每个村的现有基础和实力,按特色村、重点村、精品村、精品示范村四个阶段性创建目标梯度推进,抓点连线扩面,最终达到村村精品。到2018年年底,187个行政村和所有规划保留点全部完成美丽乡村创建,真正实现100%覆盖,建成精品示范村44个。

2.均衡推进。整合涉农资金,加大公共基础设施建设向农村倾斜的力度,从根本上改善全县农村的基础设施条件。通过美丽乡村建设,实现了农村生活污水治理设施、实施垃圾分类、农村社区综合服务中心建设等行政村全覆盖,每个村都建有劳动保障信息平台,拥有农民广场、乡村舞台、篮球场、健身器材等文体设施。农村联网公路、城乡公交、卫生服务、居家养老、学前教育、广播电视、城乡居民社会养老保险等13项公共服务全覆盖。

3.个性打造。尊重自然美,充分彰显生态环境特色,抓自然布局、融自然特色,不搞大拆大建;注重个性美,因地制宜,根据产业、村容村貌、生态特色、人本文化等进行分类打造,全面彰显一村一品、一村一景、一村一业、一村一韵。注重古迹保留,对当地从古到今内含历史印记和文化符号的古宅、老街、礼堂、民房等古迹、古建筑予以保留,并结合当地经济社会发展赋予其现代的新内涵。体现传承出新,91个文化大礼堂和46家农村数字影院在美丽乡村创建过程中相继建成,建成1个中心馆和36个地域文化展示馆,将孝文化、竹文化等,通过多种形式予以展示,并形成了威风锣鼓、竹叶龙、孝子灯、犟驴子、皮影戏等一大批乡村特色文艺节目。

4.多元投入。整合各部门涉农资金及项目,优先安排创建村。截至目前,安吉县直接用于美丽乡村建设的财政奖补资金已超20亿元。同时引导村集体通过向上争取、盘活资源等方式加大项目投入,引导农户通过投工投劳改善居住条件和优化周边环境。吸引工商资本、民间资本投入效益农业、休闲产业等生态绿色产业,参与美丽乡村建设,共撬动各类金融工商资本投入200亿元以上。

(三)推进长效管理,持续保持美丽乡村美丽度

美丽乡村建设是一项长期系统的工程,不能由于创建通过验收而停止步伐。通过"中国美丽乡村"建设,村庄面貌焕然一新。良好的环境卫生状况如何保持,良好的公共基础设施如何维护?如何长效发挥美丽乡村建设成果成为新难题。对此,安吉积极采取有效应对措施。

1.健全规章制度。出台《中国美丽乡村长效管理办法》,通过扩大考核范围、完善考核机制、加大奖惩力度、创新管理方法等途径,巩固扩大美丽乡村建设成果。制定美丽乡村物业管理办法,设立"美丽乡村长效物业管理基金",建立"乡镇物业中心",强化监督考核。将环卫保洁整体打包交由专业物业公司管理,或将部分区块保洁、绿化养护等项目外包给专业物业公司进行管理。确定每季度最后一月的25日为美丽乡村文明规劝日,工青妇等各级群团组织广泛开展"四季美丽"规劝活动,根治"四抛六乱"等有损环境的行为,全面提升城乡文明水平。

2.加强部门协作。多个职能部门联合成立督查考核办公室,实行月检查、月巡视、月轮换、月通报和年考核5项工作机制,对全县各乡镇(街道)和行政村(农村社区)实行分片督查,考核涵盖卫生保洁、公共设施维护、园林绿化养护、生活污水设施管理等方面设定评价标准,考核结果纳入对行政村的年度长效管理综合考核。

3.强化考核奖惩。实行美丽乡村警告、降级、摘牌制度,取消美丽乡村终身制,建立动态评价机制,强化过程监管。截至目前,受到降级和摘牌处理的村累计达到23个。开通美丽乡村长效管理网络投诉举报平台,开设"美丽安吉找不足"媒体曝光平台,引导全民参与。

(四)探索村庄经营,积极推进美丽乡村生态价值转化

建成的美丽乡村在实施有效长效运维管理后,建设成果在一定程度

上得到了保持。但乡村管理上的支出高,政府在长效运维管理上的支持毕竟有限,如何实现乡村"自我造血"能力,从而使美丽乡村建设永葆生机和活力? 安吉坚持以经营为主引擎,不断把风景变成产业,将美丽乡村建设成果转化为绿色经济发展的资本。因地制宜开展村庄经营,按照村庄特色对全县 187 个行政村进行分类策划、分类设计、分类建设、分类经营,截至 2018 年年底,全县仅 44 个精品示范村吸引工商资本项目达252 个,投资额 233 亿元。创建国家级旅游度假区、全国首个全域 4A 级旅游景区,4A 级景区村庄 4 个,A 级景区村庄 38 个。

1.大力推进休闲旅游产业发展。通过美丽乡村建设,涌现出了以高家堂村、鲁家村等为代表的一大批美丽乡村经营典范。以多种模式做好美丽乡村的经营文章,培育了一批乡村旅游示范村,如横山坞村的工业物业模式、鲁家村的田园综合体模式、尚书干村的文化旅游模式、高家堂村的生态旅游模式。同时,还发展提升了 570 多家精品农家乐、洋家乐和民宿,到 2018 年年底,安吉县休闲旅游业总人次达 2504 万,旅游总收入达 324.7 亿元,实现了"绿水青山"的"淌金流银"。

2.大力发展生态农业和生态工业。积极发展生态循环农业和观光休闲农业,按照"一乡一张图、全县一幅画"的总体格局,加快农业"两区"(现代农业园区、粮食生产功能区)建设。成为浙江唯一的"国家林下经济示范县",形成林下培植、林下养殖、林下休闲三大模式,竹林生态化经营、合作化经营、全产业链经营取得发展,竹产业年产值达到 190 亿元。

3.吸引优秀企业和人才入驻。生态环境越好,对生产要素的吸引力、集聚力就越强。天使小镇—凯蒂猫家园、亚洲最大的水上乐园欢乐风暴、田园加勒比、中南百草园等优质亲子旅游项目,JW 万豪、君澜、阿丽拉等品牌酒店相继建成营业。同时安吉发挥良好的生态环境和区位交通优势,打造宜居宜业宜游城市,吸引了一批优秀人士来安吉投资兴业。催生了一批新经济、新业态和新模式。新增国家高新技术企业 37家,省级高新技术企业研发中心 13 家。全县首个省级重点实验室——

中德智能冷链物流技术研究室成立。省科技进步一等奖、省专利金奖、省"万人计划"全面实现零突破。

（五）创新体制机制，激发美丽乡村创建活力

美丽乡村建设是一项系统工程，涉及政府、农民以及各类资源要素，如何激发各方主动积极参与到建设中来？在制度设计方面就显得十分重要。安吉深入推进农村各项改革攻坚，全面激发美丽乡村建设的内生动力，努力提高参与创建积极性和效率。

1.构建全民共建共享创建机制。加大创建力量的整合，调动各方积极性参与美丽乡村升级版建设。坚持政府主导。美丽乡村建设县、乡镇、村三级全部落实一把手责任制，将建设目标任务逐项分解到人、到点，实行县领导联系创建村制度，并不定期组织人大代表和政协委员进行专项视察。突出农民主体。按照"专家设计、公开征询、群众讨论"的办法，确保村庄规划设计科学合理、群众满意。创建工作按照"村民大会集体商量、村级组织自主申报、农民群众全员参与"的原则，把主动权交到农民手中，变"为我建"为"我要建"。动员社会参与。深入推进与国家、省有关部委、高等院校和科研机构的专项合作，争取在项目、信息、技术、人才等方面的有力支持。

2.健全完善要素保障机制。积极探索新农村建设投融资体系创新，成立"中国美丽乡村"建设发展总公司，设立县财政以奖励资金担保、信用社专项贷款，实施拟奖资金担保融资"镇贷村用"模式，构建起商业性金融、合作性金融、政策性金融相结合的现代农村金融服务体系。探索推行动产抵押、林权抵押、土地使用权抵押等多种担保形式，依法建立完善乡村旅游融资担保体系，鼓励农民以土地使用权、固定资产、资金、技术等多种形式入股乡村旅游发展。完善财政、投资、产业、土地、价格等相关政策，建立吸引社会资本投入环境保护和基础设施建设的市场化机制，引导和支持发展绿色生态经济。创新柔性引才引智机制，研究完善人才激励政策，着力引进环保、规划、旅游等一批急需专业人才。

3.建立健全考评机制。加大生态资本保值增值力度,探索把资源消耗、环境损害、生态效益纳入经济社会发展评价体系,将"绿色GDP"指标纳入干部政绩考核重要内容。根据功能定位,将乡镇分工业经济、休闲经济和综合等三类,设置个性化指标进行考核。

在"两山"理念引导下,安吉坚持以"美丽乡村"建设为总抓手,走出了一条经济发展和产业互促共赢的科学发展路子,先后获得全国首个生态县、联合国人居奖首个获得县、首批中国生态文明奖、首批全国生态文明先进集体、首批全国"两山"理念实践创新基地、中国美丽乡村国家标准化示范县、"美丽中国"最美城镇、国家生态文明建设示范县等荣誉。安吉美丽乡村建设标准也从省级规范上升为国家标准。

十多年来,安吉美丽乡村的建设实现了人居环境和自然生态、产业发展和农民增收、社会保障和社区服务、农民素质和精神文明的全面提升。一是绿水青山颜值更高。2007年以来,安吉森林覆盖率、植被覆盖率均达70%以上,空气质量优良天数比例达到87.1%,地表水、饮用水、出境水达标率均为100%,成为气净、水净、土净的"三净之地"。二是金山银山成色更足。2007年以来,长龙山抽水蓄能电站、影视小镇、省自然博物院等一大批项目落户安吉。与2017年相比,安吉的地区生产总值从122亿元增加到404.32亿元,年均增长9.6%,财政总收入从11.1亿元增加到80.08亿元,年均增长19.7%,三产占比由10.0∶50.4∶39.6调整到6.5∶44.0∶49.5。三是百姓生活品质更好。2007年以来,安吉的农村住户人均可支配收入从9196元增加到30541元,高于2018年全省平均的27032元,城镇居民人均可支配收入从18548元增加到52617元。城乡收入比从2.02∶1缩小到1.72∶1。教育、卫生等民生事业不断提升,13项公共服务实现全覆盖,平安和谐程度、群众幸福指数明显提高,统筹城乡实现度达到90%。建成了一批文化礼堂、数字影院、便民服务中心,形成了"两公里便民服务圈"。

三、案例启示

安吉的美丽乡村建设实践表明，山区县的资源在绿水青山，潜力在绿水青山，山区县的发展完全可以摒弃常规模式，即让绿水青山变成金山银山，走出一条通过优化生态环境带动经济发展的全新道路，实现环境保护与经济发展双赢的目标。

（一）坚持"绿水青山就是金山银山"的发展理念

"两山"理念体现了发展实质、发展方式的深刻变化，体现了发展观、生态观、价值观、政绩观的转变提升，是新常态下发展的一种更高境界。安吉的美丽乡村建设之路，就是践行"两山"理念之路。安吉坚持"生态立县"战略，把生态放在首要的突出的位置。保护环境就是保护生产力，改善环境就是发展生产力。把安吉良好的生态环境资源作为一种财富、一种资本来经营，发挥环境资源作为"资本"应具有的经济功能，以滋生出更大的财富，进而实现环境效益和经济效益、社会效益的统一。实践证明，美丽乡村建设从提出到实践，再到取得当前的成效，上下统一、前后一致的发展理念尤为重要。

（二）坚持以人民为中心，夯实民生福祉

美丽乡村建设的最终出发点和落脚点是促进农村经济社会发展，达到农村可持续发展，实现农民生活富裕。美丽乡村建设涉及广大农民的切身利益和大量建设项目，必须充分发挥农民的主体作用，坚持尊重民意、维护民利、由民作主原则，注重由农民群众自己决定村庄整治建设等重大问题，着力解决农民最关心、最直接、最现实的利益问题，充分协调和保护好农民群众的积极性、主动性、创造性，形成"一呼百应"、建设美好乡村的生动局面。安吉美丽乡村建设坚持民生优先，共享发展成果，大力推进城镇公共服务不断向农村基础延伸的同时，加快推进公共服务供给由"扩大覆盖保基本"向"提升内涵谋发展"转变，在美丽乡村基础配套、精品建设中不断夯实民生福祉，增强群众获得感，提升幸福指数。

（三）坚持标准化建设，确保建设品质

通过构建框架完整、有机配套、动态灵活、社会参与的标准体系，安吉县将标准的理念、标准的方法、标准的要求和标准的技术应用于新农村建设的各个领域，并总结提炼出美丽乡村建设的通用要求和细化标准，即《美丽乡村建设指南》，增强了美丽乡村建设的可操作性、科学性和社会参与性。标准化规范了美丽乡村建设的质量、流程和责任，使整个美丽乡村建设在具体的实施中更完善、更科学、更合理，在一定程度上提高了美丽乡村建设效率，加快了美丽乡村建设的步伐。

（四）坚持全域化推进，强化因地制宜

坚持科学谋划，致力于推进环境、空间、产业和文明相互支撑，一、二、三产业整体联动，城乡一体有机链接，力求全县美丽、全县发展。一是空间上全覆盖。把全县域作为一个大景区来规划建设，把一个行政村当作一个景点来设计，把每户人家当作一个小品来改造。由点到面，连着点，串成片，千村千面，由盆景到风景，全覆盖，一个不落下，全县187个行政村就是187幅风景画。二是形态上抓特色。按照尊重自然美、侧重现代美、注重个性美、构建整体美"四美"原则，体现一村一品、一村一业、一村一景。三是建设上重联动。在乡村抓美丽乡村创建，在集镇推风情小镇建设，在县城创优雅竹城精品，形成城、镇、村立体化推进格局。

（五）坚持"一届接着一届干"，久久为功

从2001年确立"生态立县"，到2008年开展"中国美丽乡村"建设，再到党的十八大后打造美丽乡村升级版，安吉始终把环境保护与经济发展紧密地联结在一起，始终把资源生态化、生态经济化、经济生态化作为发展的主轴，大力发展生态农业、生态工业、生态旅游等各种业态的美丽经济，造就了强劲的可持续的发展后劲。美丽没有终点，2017年，安吉县委县政府又提出了建设"中国最美县域"的发展目标，把美丽乡村上升为美丽县域战略，旨在实现由局部美向全域美、环境美向发展美、外在美向内在美的升华，继续为美丽中国的实践添砖加瓦。

参考文献

[1]杜焱强.农村环境治理70年:历史演变、转换逻辑与未来走向[J].中国农业大学学报(社会科学版),2019(05).

[2]曲格平.中国环境保护事业发展历程提要[J].环境保护,1988(03).

[3]闵继胜.改革开放以来农村环境治理的变迁[J].改革,2016(03).

[4]乐小芳,栾胜基,万劲波.论我国农村环境政策的创新[J]中国环境管理,2003(03).

[5]金书秦.农业面源污染特征及其治理[J]改革,2017(11).

[6]陶良虎,陈为,卢继传.美丽乡村:生态乡村建设的理论实践与案例[M]人民出版社,2014.

[7]吴良镛.人居环境科学导论[M].北京:中国建筑工业出版社,2001.

[8]毛其智.中国人居环境科学的理论与实践[J].国际城市规划,2019(04).

[9]李叶子.乡村振兴战略背景下农村生态文明建设的困境与路径研究——基于生态现代化理论视角[J].湖北农业科学,2020(06).

[10]傅大放,闵鹤群,朱腾义.生态养生型美丽乡村建设技术[M].南京:东南大学出版社,2018.

[11]苏星鸿.新时代乡村振兴战略中的农村生态治理:理论逻辑、现实困境和实践路径[J].天水师范学院学报,2020(01).

[12]刘浩波.从三生空间谈乡村振兴规划[J].建筑学研究前沿,2019(05).

[13]周明茗,王成.乡村生产空间系统要素构成及运行机制研究[J].地理科学进展,2019(11).

[14]杨贵庆.黄岩实践:美丽乡村规划建设探索[M].上海:同济大学出版

社，2015.

[15]杨开忠.习近平生态文明思想实践模式[J].城市与环境研究,2021
(01).

[16]王宜伦.乡村振兴战略.生态宜居篇[M].北京:中国农业出版社,
2018.

[17]王红.农业环境保护中循环农业的运用探析[J].现代商贸工业,2020
(33).

[18]汤喜辉.美丽乡村景观规划设计与生态营建研究[M].北京:中国书
籍出版社,2018.

[19]任亚萍,周勃,王梓.乡村振兴背景下的乡村景观发展研究[M].北
京:中国水利水电出版社,2018.

[20]骆世明.农村环境整治与生态修复[J].中国农业科学技术出版社,
2007.

[21]符明秋,朱巧怡.乡村振兴战略下农村生态文明建设现状及对策研
究[J].重庆理工大学学报(社会科学),2021(04).

[22]莫欣岳,李欢,张镭,潘峰.新时期我国农村生态环境问题研究[J].环
境与可持续发展,2017(01).

[23]曹建业.浅谈美国的乡村及其发展计划[J].全球科技经济瞭望,
2007.

[24]崔学勤,李亚鹏.国外乡村生态景观农业发展的经验及其对我国的
启示[J].农业经济,2015(10).

[25]中共中央组织部.贯彻落实习近平新时代中国特色社会主义思想在
改革发展稳定中攻坚克难案例[M].北京:党建读物出版社,2019.